Alberto Vázquez-Figueroa

África llora

CÍRCULO DE LECTORES

NOTA DEL AUTOR:

Pese a estar inspirado en un hecho real, todos los personajes y situaciones de este relato son ficticios.

ALBERTO VÁZQUEZ-FIGUEROA

Nadie entendió jamás la razón de aquella guerra.

Y es que era –como la mayoría– una guerra irracional.

Quizá la más irracional de todas ellas.

Hacía meses que los aldeanos comentaban que día a día se iba aproximando, pero ninguno de ellos tomó clara conciencia del peligro hasta que una tranquila mañana Ajím Bikila, cuyo pupitre era el más cercano a la ventana, se puso en pie de un salto para exclamar señalando hacia fuera:

–¡Un muerto! ¡Allí hay un muerto!

La *señorita* Margaret estuvo a punto de expulsarle airadamente temiendo que se tratara de una más de sus estúpidas bromas, pero ante la terca insistencia prestó atención y tuvo que buscar apoyo en la pizarra al comprobar que, efectivamente, el cadáver de un hombre descendía mansamente por el centro del río.

Los muchachos abandonaron de inmediato el aula, al poco se les unieron los chiquillos del curso inferior, y fue así como una treintena de niños y sus dos profesoras se agolparon a orillas del tranquilo riachuelo para observar en silencio cómo el agua arrastraba una masa oscura que flotaba boca abajo, como si buscara en el limo del fondo un hálito de la vida que le había abandonado corriente arriba.

Aquél era, probablemente, el primer cadáver que la mayoría de los niños veía, pero apenas tuvieron tiempo de reflexionar sobre ello, puesto que de inmediato hizo su aparición un segundo cuerpo, a éste le siguió en procesión un tercero, luego un cuarto, y en total fueron seis los soldados de destrozado uniforme verde oliva los que cruzaron frente a la rústica escuela para continuar en pos del que parecía ser su jefe, que les iba marcando el rumbo tal como lo hiciera en vida.

Era en verdad un macabro desfile, pero lo más sobrecogedor de tan deprimente espectáculo fue, sin duda, el angustioso silencio de unos testigos que parecían comprobar de improviso que la cruel y estúpida guerra civil de la que tanto habían oído hablar, acababa de irrumpir solapadamente en sus vidas.

Exceptuando las dos profesoras, el mayor de los presentes no había cumplido aún los dieciséis años, mientras que los más pequeños apenas levantaban un metro del suelo, pero todos sin excepción recordarían aquella mañana de principios de verano como el día exacto en que concluyó su infancia e iniciaron una acelerada marcha hacia una terrible e inmerecida madurez.

Y es que cuando al fin el último de los cadáveres se perdió de vista tras los árboles, y el río volvió a ser el limpio y alegre río en que solían bañarse al terminar las clases, la *señorita* Margaret decidió con muy buen criterio que no estaban los ánimos como para regresar a las aulas, por lo que permitió que la atemorizada chiquillería corriese a través del bosque hacia sus casas.

La diminuta aldea semejaba un avispero al que cualquiera de aquellos mismos chicuelos hubiera arrojado una piedra.

Los hombres habían comenzado a sacar del agua a los muertos, dejándolos sobre el fango de la orilla cara al cielo, y no quedaba alma viviente que no acudiera a verlos, puesto que aquél era a todas luces el acontecimiento más dramático que había ocurrido en la región desde el brutal terremoto de principios de siglo.

El anciano Shi Mansur había tomado asiento en una lisa roca y, aferrando con fuerza el largo bastón de puño de marfil que simbolizaba su indiscutible autoridad, contemplaba los cuerpos con ojos impasibles; pero quienes le conocían bien podían adivinar, por el leve temblor de su labio inferior, que su aparente serenidad no era más que una máscara tras la que intentaba ocultar la justificada ansiedad que parecía haberse apoderado de su ánimo.

Shi Mansur presentía que si el río había traído soldados muertos, pronto o tarde traería también soldados vivos, y que aquellos soldados, quienesquiera que fuesen y cualquiera que fuese su fe o su ideología, tan sólo llevarían en su petate destrucción y desgracia, puesto que los muchos años habían enseñado al sufrido cacique que ninguna guerra, por justos que fueran sus inicios, continuaba siendo justa en su desarrollo.

Entre el escaso medio millar de pacíficos «súbditos» del sarmentoso Shi Mansur, cuyas chozas se desparramaban por el fértil valle a una y otra orilla del tranquilo riachuelo, una tercera parte estaba constituida por cristianos coptos y un escaso diez por ciento podía considerarse formado por auténticos musulmanes practicantes, mientras que la mayoría jamás había demostrado el mínimo interés por las cosas del espíritu, quizá debido al hecho de que el diario esfuerzo de tener que dedicarse con excesivo empeño a las cosas del cuerpo no les dejaba tiempo ni ánimos para más.

Y entre aquel medio millar de campesinos, en su mayor parte analfabetos, apenas conseguirían contarse con los dedos de una mano aquellos que demostraban algún tipo de inquietud política, o tenían tan siquiera una remota idea de lo que significaba la política.

Tanto era así que cuando cada anochecer los hombres se reunían en La Casa de la Palabra, raramente se hablaba de religión o de política, en parte por falta de interés, en parte por deseo expreso de Shi Mansur, y en parte porque una animada charla sobre la cosecha o el simple cotilleo de la vida diaria resultaba siempre mucho más divertido y reconfortante.

Se entendía por tanto que cuando el desconcertado anciano preguntó por el origen, la ideología o la razón de ser de aquellos uniformes de color verde oliva, nadie supiera darle una respuesta exacta, y nadie tuviera tampoco una clara noción de si se trataba de fundamentalistas llegados del norte, animistas provenientes del sur, comunistas fieles al depuesto dictador, o reaccionarios alzados en armas por cualquiera de los incontables generales ultranacionalistas que proliferaban en el continente como la lepra o la malaria.

Lo único que estaba claro era que se trataba de «soldados», y que era aquélla una palabra que desde tiempos muy remotos atemorizaba a los nativos, puesto que ni siquiera en la memoria de la abuela Mamma-U –que tenía ya más de cien años– se conservaba un grato recuerdo de la visita de los hombres de uniforme, fuera éste del color que fuera.

Hubo quien opinó que lo mejor que se podía hacer era devolver los cuerpos al agua y permitir que la corriente se los llevara lejos, valle abajo, considerando que tal vez así conjurarían a los espíritus malignos de forma que la tan temida guerra siguiera de igual modo su curso, sin afectar para nada la pacífica existencia de aquellas gentes.

Pero otros muchos –entre ellos el todopoderoso Shi Mansur–, consideraron que no era de seres humanos bien nacidos permitir que las fieras de la selva se cebaran en aquellos desgraciados devorándolos en cuanto la corriente tuviera a bien depositarlos en la orilla.

Tras pensárselo mucho, Shi Mansur decidió recabar el consejo de Tulio Grissi, que era, a su modo de ver, el único que podía tener una idea más o menos clara del porqué de la presencia de aquellos hombres en el río.

Mandó por tanto en su busca y tuvo que esperar hasta bien entrada la noche puesto que –como solía suceder– el florentino no se encontraba en su casa de la colina, sino en los cafetales de la cercana serranía.

A la luz de las antorchas, el hombrecillo de nariz reventona por el abuso del alcohol contempló la hilera de cadáveres y acto seguido se acuclilló como un nativo más puesto que al haber nacido y pasado la totalidad de su vida en África, estaba más hecho a los usos y costumbres indígenas que a las europeas, exceptuando quizá su desmedida afición al whisky escocés.

–Mala cosa... –masculló al fin, como si acabara de hacer un descubrimiento del que sus convecinos no se hubieran percatado hasta el presente–. ¡Muy mala cosa!

–¿Qué te parece que hagamos? –quiso saber Shi Mansur quien pareció comprender de improviso que en aquel desgraciado asunto el blanco se encontraba tan en la inopia como él mismo–. ¿Los enterramos sin decir nada a nadie, o damos parte a las autoridades?

–¿Autoridades? –se asombró el italiano escandalizado por semejante insensatez–. ¿Qué autoridades?

–Las otras... –fue la paciente respuesta–. Las de uniforme marrón.

Resultó evidente que era en aquel preciso instante cuando Tulio Grissi se percataba de las peculiaridades de los uniformes, puesto que tomando la antorcha del nativo que se sentaba a su lado, la aproximó al cuerpo del soldado que tenía más cerca como para cerciorarse de cuál era en efecto el color exacto de su guerrera.

–¿Qué más da marrón o verde...? –susurró al fin roncamente–. «Autoridad» tan sólo serán aquellos que estén ganando en este instante.

–¿Y quién gana ahora?

–Éstos no, desde luego –fue la cruel respuesta–. Éstos ya no ganarán nunca, y lo mejor que podemos hacer es enterrarlos.

El anciano meditó una propuesta que en verdad no necesitaba meditar puesto que estaba en total consonancia con lo que opinaba, y acabó por hacer un levísimo gesto de asentimiento con la cabeza.

–¡De acuerdo...! –dijo al fin–. Esta noche los velaremos, y mañana celebraremos un digno funeral. Al fin y al cabo han muerto por defender sus ideales, cualesquiera que sean.

Menelik Kaleb, que había asistido acurrucado en el porche de su cabaña a la curiosa escena que se desarrollaba a menos de cincuenta metros de distancia, no dejaría de preguntarse por el resto de su vida, cuál habría sido el destino de todos aquellos hombres, mujeres y niños, que –al igual que él– contemplaban los mutilados cadáveres a la luz de las antorchas si el sabio y prudente Shi Mansur hubiera dado en aquella ocasión justa prueba de su prudencia y sabiduría ordenando que los cadáveres fueran arrojados de nuevo al río o enterrados en aquel mismo instante, sin necesidad de aguardar al día siguiente.

Pero Menelik era biznieto por parte de madre del anciano cacique, y desde que tenía uso de razón había oído asegurar a sus padres que Shi Mansur jamás se equivocaba, y que si el suyo era un pueblo feliz, tranquilo y próspero se debía en gran parte a las acertadas decisiones que siempre había sabido tomar.

No había razón por tanto para poner en duda que lo que ahora ordenaba fuera lo más aconsejable, teniendo en cuenta, además, que la mayoría de los adultos lo aprobaban, al igual que parecía aprobarlo el padre de su buen amigo Bruno, que como hombre blanco tenía la obligación de estar al tanto de un cierto tipo de asuntos que escapaban por completo a la comprensión de los nativos.

Menelik Kaleb apenas pegó ojo durante el resto de la noche, y al alba, cuando aún los gallos se preguntaban si había llegado el momento de comenzar a reclamar a gritos la presencia del sol, saltó de la cama y recorrió a toda prisa el sinuoso sendero que conducía a la vieja casa de la colina.

Aquel enorme caserón de desconchadas paredes y recargada baranda que se caía a pedazos, había pertenecido tiempo atrás a un rico colono, dueño de todas aquellas tierras, su ganado y sus gentes, pero que con la llegada de la independencia decidió regresar apresuradamente a su Génova natal, dejándolo todo en manos de su capataz, Tulio Grissi, quien acabó comprándole la ruinosa casa y el cafetal de las colinas a precio de gallina flaca. Y es que Grissi siempre se sintió más africano que europeo, y casi se podía decir que más negro que blanco.

Sus hijos, Bruno, Mario y Carla, que habían nacido y habían crecido en aquel caserón y en aquel valle, no veían más rostros blancos que los de sus padres y el de la *señorita* Margaret, por lo que cabría imaginar que en el fondo de su alma lamentaban que el color de su piel les diferenciara del resto de los niños con los que compartían los juegos y las aulas.

Borrachín, zafio y violento, no era el suyo un padre del que los tres niños pudieran sentirse en exceso orgullosos, y su madre, hosca y retraída, apenas abría la boca más que para insultar a su marido cuando llegaba tambaleándose, o increpar a los niños a la hora de la cena.

Por ello, cuando Menelik Kaleb golpeó levemente los cristales de la ventana (como solía hacer cuando los dos niños iban de pesca a la laguna o a cazar al bosque), no le sorprendió que la alborotada melena pajiza del pecoso Bruno hiciera su aparición, como si llevara horas esperándole pues Menelik sabía muy bien que su amigo aprovechaba cualquier disculpa para estar lo más lejos posible de su casa.

–Vamos río arriba –susurró aún consciente de que los padres de Bruno dormían al otro extremo del gigantesco caserón–. Tal vez aún estén allí los soldados.

Ni siquiera se le pasó por la cabeza la idea de que el muchacho pudiera rechazar su invitación, y buenas razones tenía para ello, puesto que aún antes de haber concluido la frase ya el otro había saltado al descuidado jardín para emprender de inmediato una alegre carrera que habría de llevarles colina abajo y bosque adentro, hacia el punto en que el río se estrechaba en una agreste garganta. Más allá se abría una pequeña llanura de altas gramíneas salpicadas de acacias enanas, en la que no resultaba difícil tropezarse de tanto en tanto con algún asustadizo antílope o una hiena maloliente.

Sabían que tenían poco menos de dos horas para ir y volver antes de que la *señorita* Margaret golpease la campana anunciando que comenzaban las clases, por lo que corrieron rítmicamente y en silencio, saltando con sus pies descalzos sobre las rocas y los árboles caídos, vadeando por dos veces el riachuelo y trepando por último, ya jadeantes, hasta la cima del agreste otero desde donde se dominaba a un lado el valle y al otro la minúscula llanura.

No vieron nada.

Todo lo más una columna de polvo allá en el horizonte, y tras estudiar con infinito cuidado un paisaje que tan bien conocían y no descubrir un solo detalle que les compensase del esfuerzo que habían hecho, se tumbaron a contemplar las blancas nubes que llegaban de poniente.

–¡Mierda!

No existía en verdad ninguna otra palabra que expresase con mayor propiedad la magnitud de la decepción que se había apoderado de su ánimo, y cuando al fin consiguieron recuperar por completo el aliento, el pecoso inquirió sin volverse a su amigo:

–¿Qué va a ocurrir ahora?

–Tal vez nada –fue la poco convencida respuesta–. Tal vez el río trajera a esos soldados de muy lejos y no tengamos que volver a preocuparnos de la guerra.

–No olían –musitó el otro sin dejar de mirar el cielo.

No necesitó decir nada más, porque le constaba que Menelik Kaleb sabía tan bien como él que si pese al bochornoso calor los cuerpos no hedían aún, era porque llevaban menos de veinticuatro horas muertos, y en ese tiempo el tranquilo riachuelo no podía haberlos traído de muy lejos.

–Es cierto –admitió al rato el nativo–. No olían,

pero si hubiera soldados cerca tendríamos que verlos desde aquí.

Bruno Grissi se irguió, tomó asiento abrazándose las piernas, y oteó de nuevo en busca de la más mínima señal que delatara una presencia humana. Finalmente acabó por encogerse de hombros y aceptar que tan sólo una ligerísima brisa agitaba la reseca hierba y las copas de las acacias.

–Será mejor que volvamos –dijo–. Ya he llegado tres días tarde este mes y la *señorita* Margaret me va a caer a reglazos.

El camino de regreso fue descansado, puesto que se limitaron a empujar al agua un viejo tronco, sentarse a horcajadas en él y permitir que la corriente los arrastrase, sin tener que preocuparse más que de mantener la ropa sobre la cabeza guardando el equilibrio con ayuda de los pies y de una mano.

Aquel divertido «viaje», que solían hacer siempre que iban a cazar, les permitió olvidar la razón de su tempranera aventura, hasta el momento en que descubrieron un nuevo cadáver atrapado entre unas ramas que rozaban el agua.

Tuvieron que pasar a menos de dos metros de él, y advirtieron que aparecía hinchado como un globo y ya apestaba.

Sobre uno de sus brazos, que quedaba fuera del agua y estaba seco, zumbaban, furiosas, miles de moscas.

Dada su extraña posición, casi colgado del árbol, y con los pies aguas abajo, se le distinguía con total nitidez el rostro, que era a todas luces el de un muchacho que apenas tendría cuatro o cinco años más que los que le observaban en horrorizado silencio.

Cuando al fin quedó atrás, con la alzada mano enviándoles un postrer saludo cada vez que las ramas se agitaban, Menelik Kaleb se volvió a observar a su amigo e inquirió de improviso:

–¿Te has fijado en su uniforme...? –Ante la muda negativa, añadió–: Era marrón.

–¿Y eso qué significa?

–No tengo ni idea. Se lo preguntaremos a la *señorita* Margaret.

Pero la *señorita* Margaret tampoco tenía una idea muy clara del porqué de semejante diferencia, ni parecía desear que continuaran hablando del tema de los muertos, como si el hecho de rechazarlo ayudase a alejar sus más profundos temores.

Los hombres estaban ya cavando seis tumbas en un claro del bosque, y en cuanto los cuerpos de aquellos desgraciados recibieran sepultura todo quedaría olvidado y el pueblo recuperaría la paz que con su presencia había perdido.

Pero no parecía que pudiese resultar tan fácil.

Casi la mitad de los niños no habían acudido ese día a clase, y los que lo habían hecho se mostraban distraídos y alborotados, como si el nerviosismo que desde el día anterior se había apoderado del ánimo de sus mayores se les hubiera contagiado multiplicándose por mil.

Ni siquiera la regordeta Zeudí, que había sido siempre la alumna más aplicada de la clase, conseguía concentrarse a la hora de leer en voz alta la lección del día, y del aula vecina llegaban con más claridad que nunca los llantos de los pequeños y los destemplados gritos de la *señorita* Abiba, quien parecía incapaz de dominarlos.

Faltaban apenas diez minutos para la hora de un recreo, que tal vez contribuyera a relajar los nervios, cuando se escuchó el primer disparo, y a éste siguieron tantos y en tan inconcebible proporción, que podría creerse que todas las guerras de este mundo habían caído de improviso sobre el valle con la evidente intención de aniquilarlo.

A continuación llegaron las explosiones, luego los gritos y el humo de los incendios, y en el momento en que los niños corrían hacia las ventanas, los cristales estallaron de improviso hiriendo a varios y matando en el acto al travieso Medmed, que era el que estaba más cerca.

–¡Al suelo, al suelo…! –gritó de inmediato la *señorita* Margaret, de la que podría creerse que había estado aguardando a que algo parecido ocurriese–. ¡Salid por atrás!

La puerta trasera daba a las letrinas que habían sido excavadas a una veintena de metros en el interior del bosque, y fue sin lugar a dudas la serenidad de la maestra la que impidió que los chiquillos echaran a correr hacia el poblado, cosa que consiguió empujándolos delante de ella hacia lo más profundo de la espesura, allí donde ni las balas perdidas ni las explosiones pudieran alcanzarles.

Su compañera Abiba también hacía cuanto estaba en su mano, pero pronto quedó muy claro que la *señorita* Margaret se había hecho con el control de la situación, y tomando en brazos a la aterrorizada «Reina Belkiss» que no acertaba a dar un paso, arrastró por el cuello a Mario, el hermano menor de Bruno

Grissi, que parecía de igual modo petrificado por el pánico.

–¡Los pequeños! ¡Coged a los pequeños! –gritaba a los alumnos de su clase–. ¡Menelik! ¡Cerciórate de que ninguno se haya quedado atrás!

El aludido obedeció en el acto regresando a las aulas, en las que descubrió escondido bajo la mesa de la profesora al histérico Askia, quien pese a que aún no había cumplido los siete años, se aferraba con tanta desesperación a las patas del sillón que resultaba del todo imposible llevárselo de allí ni a rastras.

Por suerte, a los pocos instantes Bruno Grissi acudió en su ayuda, y entre ambos consiguieron abrirle las manos y llevárselo en volandas pese a que chillaba y pataleaba como un cerdo camino del matadero.

Las explosiones, los alaridos y el repiquetear de las ametralladoras arreciaban, y cuando Menelik y Bruno se volvieron por última vez a punto ya de desaparecer en lo más espeso del bosque, distinguieron al otro lado del río la figura de un soldado que corría disparando su metralleta contra un grupo de mujeres que huía.

Acurrucados bajo una inmensa ceiba, a poco más de tres kilómetros de la escuela, catorce niños y dos maestras temblaron y lloraron durante largas horas.

Aún se escuchaban gritos lejanos.

Y algún disparo aislado.

Aún era espeso el humo de los incendios.

E intenso el olor a carne achicharrada.

Aún la muerte seguía planeando sobre lo que había sido su pueblo.

La guerra había llegado.

Nada hay que alargue más una noche que el terror.

Y el terror compartido se multiplica a veces hasta convertirse en pánico irracional, y si no ocurrió así bajo la ceiba fue gracias a la presencia de ánimo de la *señorita* Margaret, que pareció haberse convertido de improviso en la madre adoptiva de un puñado de desamparadas criaturas que sollozaban solicitando la presencia de sus verdaderos padres.

La desconcertada *señorita* Abiba, el obediente Menelik, el pecoso Bruno, su rubio hermano Mario, e incluso el díscolo Ajím Bikila, fueron de inestimable ayuda, pero quien depositó sobre sus frágiles hombros la pesadísima carga de calmar al resto de chiquillos fue aquella férrea mujer de inmensos ojos azules y tímida sonrisa.

Era, quizás, el único miembro del grupo que se había percatado de la tremenda magnitud de la tragedia que se estaba desarrollando al otro lado del río, pero tal vez por eso mismo era también el único que había tomado conciencia de que semejante desastre no era más que el preludio de cuanto se avecinaba, puesto que para ella los gritos, los disparos y las explosiones tan sólo constituían el afinar de los instrumentos de una orquesta que se preparaba para atacar seriamente una obertura.

El negro cielo africano aparecía enrojecido por el reflejo de las llamas que consumían docenas de hogares en los que generaciones de hombres y mujeres habían nacido, se habían amado y habían muerto, y el límpido aire de la selva antaño perfumado por un denso olor a tierra húmeda, hedía a carne humana achicharrada mezclada con una acre pestilencia que flotaba a baja altura, y que venía provocada por el espeso humo que surgía del almacén en el que se amontonaban los centenares de recipientes de plástico que las mujeres utilizaban para recoger y seleccionar los granos de café cuando llegaba la cosecha.

Al amanecer, un violento chubasco pobló la espesura de rumores, y la primera luz se filtró por entre miríadas de hojas que goteaban como si pretendieran unirse al llanto de unos niños que empezaban a sospechar que habían perdido todo cuanto tenían desde el momento mismo en que el primer cadáver hizo su aparición flotando en la superficie del riachuelo.

Una hora más tarde la *señorita* Margaret hizo un leve gesto a Menelik, que era el mayor de sus alumnos.

–Ve a ver qué ha ocurrido –pidió–. Pero no te acerques.

–¡Yo voy con él!

La animosa mujer clavó sus clarísimos ojos en el pecoso rostro de Bruno Grissi, y asintió con un gesto.

–¡Está bien...! –replicó–. Tened mucho cuidado.

Los dos amigos se deslizaron por la espesura con el sigilo con que solían hacerlo cuando se adentraban en el bosque en busca de papiones, por lo que tardaron casi media hora en alcanzar la orilla desde la que se dominaba el rústico puente de madera y la suave ladera sobre la que el día anterior se alzaban un centenar de cuidadas cabañas de adobe y paja.

El puente había desaparecido y las amplias cabañas no eran ya más que renegridos muros de barro cuarteado por el excesivo calor, que mostraban sin reparo los negros churretones que la lluvia mezclada con cenizas había ido dejando al escurrir desde los abrasados techos ahora inexistentes.

Del gigantesco caserón de la colina, alzado un siglo atrás por un orgulloso genovés, no quedaban más que un revuelto montón de pavesas humeantes y una gran cama de hierro que por alguna extraña razón había rodado hasta el jardín.

El resto eran cadáveres.

Docenas e incluso centenares de cadáveres ferozmente mutilados o reducidos a un maloliente pedazo de carne carbonizada, lo que venía a demostrar sin género de dudas que los autores de tan salvaje masacre habían querido dejar claro que en el continente de la chapuza y la desidia aún quedaban quienes eran capaces de realizar su trabajo a conciencia.

Nada se movía aparte de las alas de los buitres, y ni el menor rastro quedaba de quienes tanto mal habían causado, tal vez porque con la llegada del nuevo día se había espantado ante la magnitud de su barbarie.

Durante un tiempo que se les antojó infinito –y nada más infinito podía existir que la contemplación del fin de su mundo y sus familias–, Menelik Kaleb y Bruno Grissi permanecieron muy quietos, cogidos de la mano como para darse valor el uno al otro, observando con ojos dilatados por el horror el dantesco espectáculo que se les ofrecía, y aun siendo como eran de raza, color y religión diferentes, idéntico sentimiento de ira y ansiedad se apoderó de sus corazones.

Permanecieron absolutamente inmóviles aunque no podían evitar que un leve espasmo estremeciera sus cuerpos, y tan sólo cuando abrigaron el total convencimiento de que no quedaba un solo ser humano vivo al otro lado del río, se armaron del valor suficiente como para introducirse en el agua y vadearlo.

Dos horas más tarde se dejaban caer en silencio bajo la ceiba, y Bruno se limitó a abrazar a su hermana Carla apretando con fuerza la mano de Mario, mientras Menelik Kaleb permanecía con la mirada clavada en la distancia, como si aún confiara en ver aparecer a algún miembro de su familia entre los árboles.

–¿Los han matado a todos? –inquirió al fin la *señorita* Abiba con un hilo de voz apenas audible.

–A todos.

Nadie lloró más de lo que había llorado durante el transcurso de la noche.

Nadie quiso aumentar su dolor conociendo detalles espeluznantes.

Nadie insistió en ir a ver en lo que habían convertido a sus seres queridos y el lugar en que habían sido felices, tal vez porque la *señorita* Margaret comprendió que era preferible que en sus memorias quedara para siempre el recuerdo de unos padres llenos de vida y un pueblo floreciente, que el de un montón de ruinas humeantes y de cadáveres atrozmente mutilados.

–¿Qué vamos a hacer ahora?

Bruno Grissi alzó el rostro hacia la balbuceante *señorita* Abiba que era quien había hecho la pregunta, y se volvió luego a Menelik como pidiéndole que refrendara sus palabras.

–Huir –dijo al fin–. Si nos encuentran aquí nos matarán también.

–¡Pero si sólo sois un puñado de niños!

–Le cortaron la cabeza a mi hermano –señaló Menelik con voz ronca–. Y sólo tenía tres años.

Todos conocían sobradamente al travieso Sajím, un mocoso mofletudo que se pasaba el día intentando orinar sobre las gallinas a las que perseguía riendo y alborotando, y el hecho de aceptar que había seres humanos capaces de cercenarle la cabeza a una criatura tan inofensiva, les obligó a comprender que, en efecto, debían alejarse de la zona lo más pronto posible, a no ser que quisieran acabar de igual modo.

–¿Y adónde iremos?

–Lejos...

«Lejos» era en verdad la única respuesta válida a tal pregunta, aunque ninguno de los presentes tenía una clara idea de lo que en verdad significaba, puesto que cuanto se encontrase más allá de las montañas que rodeaban el valle constituía un universo desconocido en el que jamás habían deseado aventurarse.

Bestias salvajes, espíritus malignos, tribus cuya enemistad se remontaba al comienzo de los tiempos, soldados, guerrilleros, feroces bandidos e incluso traficantes de esclavos, pululaban allí donde concluían las fronteras de lo que había sido su mundo, y la sola idea de adentrarse en semejante ciénaga de peligros les cortaba el aliento.

La *señorita* Margaret, que sostenía sobre su regazo a la preciosa «Reina Belkiss» –que se había quedado dormida al fin, vencida por la catarata de emociones y el cansancio–, recorrió con la vista los angustiados rostros que parecían haber depositado en ella todas sus esperanzas, y al fin señaló en un vano intento de mostrarse animosa y ayudarles a concebir un hálito de esperanza:

–Iremos al mar y allí nos recogerán. Pasará un barco y nos llevará a un lugar donde no haya guerras y cuiden de vosotros.

De igual modo podría haber dicho «Iremos a la luna», porque para unos pobres chicuelos nacidos en una minúscula aldea perdida en el corazón del macizo etíope, el mar no era más que una asignatura tan remota en el tiempo y el espacio como los propios planetas.

Pero si la *señorita* Margaret aseguraba que debían dirigirse al mar, era porque hacia allí tenían que ir, puesto que la veterana maestra era la única persona de la aldea que en realidad había visto ese mar, aunque cuando lo hiciera acababa de cumplir los ocho años.

–¿Y dónde queda el mar? –quiso saber Menelik Kaleb, que estaba demostrando ser el más práctico del grupo.

–Al final del río, supongo –fue la rápida respuesta–. Que yo sepa todos los ríos van a parar al mar. –Hizo un esfuerzo intentando esbozar una levísima sonrisa que levantara los ánimos–. Pero ahora, lo primero que hay que conseguir es comida.

–Se lo han llevado todo –le hizo notar Bruno Grissi–. Pero podemos ir a buscar las cabras del viejo Amed en la quebrada. Alguna quedará.

–Id con cuidado... Y que os acompañe Ajím.

El siempre inquieto Ajím Bikila, quien había sido el primero en vislumbrar un cadáver flotando en el río, parecía haberse convertido en un ser diferente en el transcurso de un solo día, puesto que llevaba más de cuatro horas contemplando un punto perdido en la copa de un roble centenario como si en él se encontraran las respuestas a sus mudas preguntas.

No abría la boca ni parecía escuchar cuanto se decía a su alrededor, y en el momento en que Menelik le agitó levemente el hombro con la intención de sacarle de su ensueño, le miró como si no fuera el muchacho con el que había perpetrado durante años cientos de travesuras que hacían enfurecer a la circunspecta *señorita* Margaret.

–¿Por qué? –inquirió de improviso como si en verdad imaginara que alguien que tan sólo le llevaba unos meses pudiera tener las respuestas que el roble no le daba.

–No lo sé –replicó su amigo–. Pero si vienes con nosotros tal vez lo averigüemos. No puedes quedarte ahí sentado para siempre.

Se deslizaron hacia la orilla del río, aguardaron de nuevo hasta cerciorarse de que los soldados no habían vuelto, y mientras lo hacían Bruno Grissi reparó en la media docena de piraguas que descansaban a unos cien metros aguas abajo.

–No las han quemado –señaló.

–¿Para qué iban a hacerlo si creían que no dejaban a nadie que pudiera utilizarlas?

–Pues si están ahí quiere decir que no se han ido río abajo... –puntualizó con buen juicio el pecoso–. ¿Qué rumbo habrán seguido?

El otro se encogió de hombros admitiendo su total ignorancia, y a los pocos minutos cruzaron una vez más el río rodeando el poblado y encaminándose directamente a la cercana cañada en que el viejo Amed encerraba sus cabras.

Estaban todas, y milagrosamente también estaba el viejo Amed, quien se echó a llorar al verlos, abrazándolos como si se trataran de una tabla de salvación en un mar tempestuoso.

–¡Pequeños, pequeños! –musitaba una y otra vez pese a que siempre había sido un malhumorado gruñón que los perseguía a pedradas en cuanto los veía aproximarse a sus animales–. ¡Mis pobres pequeños!

Cuando al fin consiguieron tranquilizarle, y consiguieron de igual modo apartarse unos metros, porque apestaba a cabra rancia, respondió a cuantas preguntas le hicieron, aunque sus explicaciones resultaban tan incoherentes, que tardaron casi media hora en hacerse una clara idea de los hechos.

Por lo visto el cabrero regresaba de repartir la leche al igual que cada mañana, cuando advirtió cómo medio centenar de soldados rodeaban el poblado, y siendo, como buen pastor, desconfiado y precavido, se ocultó entre unos matojos para observar desde allí cuanto ocurría.

Pese a la distancia, pudo ver cómo los soldados se enfurecían al descubrir los mutilados cadáveres de sus compañeros, y sin atender a las protestas de inocencia del anciano Shi Mansur, que juraba y perjuraba que habían llegado arrastrados por el río, comenzaron a disparar hasta no dejar con vida más que a las mujeres jóvenes, a quienes se dedicaron a violar durante toda la noche.

–Al amanecer las mataron a casi todas –concluyó–. Creo que tan sólo se llevaron a tres.

–¿Por dónde se fueron?

–No lo sé. Con la oscuridad me arrastré hasta una cueva de la quebrada y allí me quedé.

Cuando al fin le aclararon que un grupo de niños y sus dos maestras se habían salvado y pensaban encaminarse hacia el mar, permaneció unos instantes pensativo, y al fin negó con un levísimo ademán de cabeza.

–Ya soy muy viejo para conocer el mar –dijo–. Llevaos las cabras, pero yo me quedo. Aquí he vivido siempre, y aquí quiero morir... –Sonrió con amargura y por último añadió, haciendo un ademán hacia el poblado–: Y tengo muchos muertos que enterrar.

–¿Y te vas a quedar solo? –se asombró Ajím Bikila.

El anciano meditó unos instantes y por último extendió la mano hacia una tetuda cabra marrón que ramoneaba a su lado.

–Dejadme a ésta –señaló–. Le gusta hacerme

compañía y me dará la leche que necesito. Yo ya sólo me alimento de queso.

Le dejaron allí, rascándole la cabeza a su vieja cabra, y regresaron empujando delante de ellos al resto de los animales, aunque en esta ocasión no tuvieron necesidad de adentrarse en el bosque, puesto que el grupo les aguardaba en la escuela.

La *señorita* Margaret no había permitido que ninguno de los pequeños se alejara, consciente de que la visión de los destrozados cadáveres les marcaría de por vida, por lo que los había encerrado en la mayor de las aulas hasta el momento en que regresaran los muchachos.

La siempre dispuesta *señorita* Abiba mató un cabrito que asaron y devoraron acompañándolo con grandes vasos de leche, y como la comida, el cansancio y la tensión cayeron como una losa aplastando a los más pequeños, la *señorita* Margaret decidió que lo mejor que se podía hacer era pasar allí la noche, para emprender al fin la marcha en cuanto llegara el alba.

Únicamente cuando ya todos dormían, las dos mujeres tomaron asiento en los escalones del porche para observar cómo millones de estrellas comenzaban a hacer su aparición en el firmamento.

Durante largo rato permanecieron en silencio, como si necesitaran tiempo para hacerse una clara idea de cuán brusco había sido el cambio que afectara a sus vidas, y por último, y sin dejar de mirar hacia lo alto, la *señorita* Abiba inquirió con timidez:

–¿Crees que lo conseguiremos?

Cabría suponer que su amiga estaba aguardando

desde hacía tiempo esa pregunta, o que tal vez era la pregunta que ella misma se hacía, puesto que sin volverse a mirarla, replicó con firmeza:

–No se trata de lo que yo crea, sino de cuál es nuestra obligación. Cuando nos confiaron a esos niños, no fue tan sólo para que les enseñáramos a leer y a escribir, sino para que cuidáramos de ellos en todo momento.

–¡Pero el mar está muy lejos! ¿Cómo llegaremos allí, y quién nos asegura que cuando lleguemos servirá de algo?

–¿Y qué otra cosa podemos hacer? –fue la respuesta– ¿Quedarnos? Los soldados volverán, y si no son ellos, serán sus enemigos, que para el caso es lo mismo.

–¿Y si no volvieran ninguno de los dos?

–¡Peor aún! –le hizo notar la *señorita* Margaret con naturalidad– ¿Cuánto tiempo crees que tardarían los montañeses en enterarse de que los adultos han muerto? ¿Una semana? ¿Un mes quizá? Se correría la voz y vendrían a saquear lo poco que ha quedado y a llevarse a los niños –hizo una corta pausa y añadió con amargura–. Y Dios me perdone, pero prefiero verlos muertos a esclavizados, porque mi padre aseguraba que los africanos son aún más racistas de lo que lo serán nunca los blancos.

La joven, y en cierto modo muy atractiva *señorita* Abiba no supo qué responder porque en el fondo de su alma estaba convencida de que su compañera, que era quien le había enseñado cuanto sabía, tenía, una vez más, razón. Sin hombres que los defendieran, los niños pasarían ser considerados botín de guerra: a los muchachos los dedicarían a las más duras labores del campo mientras que las chicas pasarían a convertirse, tarde o temprano, en mercancía para exclusivo uso sexual.

Conociendo como conocía a las primitivas tribus montañesas, que de tanto en tanto descendían a robar ganado, no le cabía hacerse ilusiones sobre cuál sería su comportamiento en cuanto tuvieran noticias de que en el valle ya no quedaban guerreros capaces de empuñar un arma.

–Puede que sea una actitud heredada de la época colonial– musitó al fin sin excesivo convencimiento.

–No, pequeña, no –le contradijo la *señorita* Margaret–. Los odios tribales existían mucho antes de que el primer europeo pisara el Continente, pero no es momento de disertaciones –le acarició con afecto las diminutas trenzas de un negro azabache que le colgaban como una espesa cortina sobre los ojos–. Ahora vete a dormir. Nos esperan días muy duros.

–¿No vienes?

–Lo haré enseguida... –dijo–. Prefiero quedarme a pensar un rato.

Cuando poco después la indígena desapareció en el interior del edificio, la *señorita* Margaret clavó de nuevo la vista en el firmamento, como venía haciendo cada noche desde que tenía uso de razón pues sabía por experiencia que unos pocos minutos de hablar a solas con su Creador la compensaban del duro trabajo y las penalidades que acarreaba el día.

La *señorita* Margaret provenía de una familia dedicada casi por entero al servicio de Dios, aunque por alguna incomprensible razón, su dios no era el mismo que le había enseñado a adorar su padre, el reverendo Alex Mortimer, sino otro mucho más pequeño y más íntimo, pero que le llenaba por completo.

Ese diminuto «dios» particular jamás le había pedido que le buscara adeptos, tal vez porque le bastaba con la tranquila y dulce fidelidad que ella le profesaba, y por su parte la *señorita* Margaret había sido siempre de la opinión de que más valía un diosecillo privado que uno excesivamente solicitado y poderoso que se viese obligado a repartir su atención entre millones de fieles.

Y no se comportaba así porque tuviese la intención de pedir muchas cosas –la *señorita* Margaret nunca se había visto en la necesidad de pedir nada–, sino porque estaba convencida que el amor a Dios era algo tan personal como el amor a un hombre, y de igual modo que no le hubiera gustado compartir a un hombre en caso de haberlo tenido alguna vez, tampoco le agradaba la idea de compartir a su dios. Sus relaciones habían sido hasta el presente serenas y amistosas, y sus charlas aparecían impregnadas por el denso olor a selva y arrulladas por el canto de las aves que hacían tan apacibles las oscuras noches africanas, y por eso ahora, tras todo un largo día de horror, la *señorita* Margaret no podía evitar sentirse tan desconcertada como si acabara de descubrir que alguien en cuya fidelidad confiaba ciegamente, le había traicionado.

El «equilibrio» que había presidido desde siempre sus relaciones consigo misma, con el resto de los seres humanos, y aun con la naturaleza, se había visto descompensado de improviso, y esa falta de armonía en una existencia que había luchado tan denodadamente por ser ante todo sosegada y consecuente, estaba consiguiendo confundirla hasta unos límites más que preocupantes.

Sentada allí, en los escalones de la escuela, tal como solía sentarse cada noche en el porche de su vieja cabaña, le preguntó a su dios qué razones tenía para hacer lo que hacía, y no obtuvo respuesta.

–¿A quién estás intentando poner a prueba? –inquirió sin acritud–. Ni la sinceridad de mi fe, ni aun la de millones que te adoraran más que yo, compensarían tantos sufrimientos. Una eternidad que pasara abrasándome en los infiernos no bastaría para pagar lo que están padeciendo esas criaturas... –Su tono era el de una amarga recriminación sin esperanzas–. ¿A qué viene entonces todo esto?

La violencia, la crueldad y la venganza eran sentimientos tan alejados de la capacidad de comprensión de una mujer tan bondadosa como la *señorita* Margaret, que incluso llegándole como le llegaba el hedor a muerte y los gruñidos de la hienas que se disputaban los cadáveres al otro lado del río, le costaba admitir que tanto salvajismo fuera cierto, y cuanto ahora le pedía a su pequeño dios era que le ayudara a despertar de semejante pesadilla, y el mundo volviese a ser tan sencillo y apacible como lo fuera tres noches antes.

De pronto el agotamiento cayó sobre ella como un halcón sobre su presa, puesto que por profundos que sean los quebrantamientos del espíritu, llega un momento en que los del cuerpo les superan, por lo que inclinó bruscamente la cabeza y se quedó traspuesta hasta que un corto y violento chubasco tropical la empapó por completo.

Amanecía.

Abrió los ojos, tardó en tomar conciencia de dónde se encontraba, y cuando al fin lo consiguió se alarmó al advertir cómo una diminuta figura se alejaba hacia la orilla del río bajo el espeso chaparrón.

Corrió tras ella, la alcanzó al borde del agua y, cuando la tomó de la mano obligándola a volverse, se enfrentó a los enormes y expresivos ojos de Nadim Mansur, que pareció ofenderse por la inesperada intromisión.

–¡Déjame! –pidió apartando la mano.

–¿Adónde vas?

–A casa.

–No puedes –le hizo notar dulcemente la *señorita* Margaret.

–¿Por qué?

–La han destruido.

La pequeña, que apenas hacía dos semanas que había celebrado con una alegre fiesta en la misma escuela su octavo cumpleaños, meditó tan sólo un instante la respuesta y acabó por replicar con absoluto convencimiento:

–Mi padre ya la habrá arreglado. Él siempre la arregla.

La *señorita* Margaret se arrodilló frente a ella y la observó confusa, puesto que a aquellas alturas daba ya por sentado que los niños habían comprendido que sus padres estaban muertos y que el poblado había quedado reducido a escombros.

Tragó saliva, se preguntó una vez más las razones por las que su bondadoso dios personal le hacía pasar por tales trances, y armándose de todo su valor susurró quedamente:

–Tu padre ha muerto, pequeña. Toda tu familia ha muerto.

La siguiente pregunta iba a ser sin duda la más comprometida que la veterana profesora recibiera a lo largo de casi treinta años de responder preguntas.

–Y si toda mi familia ha muerto, ¿por qué tengo que vivir yo?

–Porque el Señor así lo quiere.

–¿El mismo que ha querido que toda mi familia muera...?

No se le ocurrió nada con lo que rebatir semejante planteamiento, por lo que se limitó a aferrar a la chiquilla por la muñeca y regresar con ella hacia la escuela.

En el porche distinguió la espigada silueta de Menelik Kaleb, que tenía justa fama de ser siempre el primero en despertarse en el poblado.

–Ocúpate de ella –le rogó–. Quiere irse a su casa.

Penetró luego en el aula grande y recorrió con la vista los rostros de los niños, planteándose si no sería más lógico que continuaran durmiendo hasta el fin de los siglos, en lugar de tener que enfrentarse a las duras pruebas que sin duda les aguardaban.

Por último, se encaminó a un gran mapa que colgaba de la pared y lo estudió intentando hacerse una idea de qué rumbo debían seguir para alcanzar el mar sin tener que atravesar las zonas en que siempre había oído decir que se libraban los más duros combates.

La guerra, aquella absurda conflagración que asolaba el país desde hacía ya cuatro largos años, llevando el hambre y la desesperación a la mayoría de sus habitantes, había sido hasta el presente una especie de lejano rumor que llegaba en boca de los esporádicos «Contadores de Historias» que muy de tarde en tarde se aventuraban hasta el perdido valle, y cuanto la *señorita* Margaret sabía de ella era que se había enconado en torno a las grandes ciudades y las llanuras más fértiles, puesto que para los todopoderosos Señores de la Guerra ninguna victoria era válida si no traía aparejado un rico botín con el que compensar el esfuerzo de sus tropas.

Las montañas, las selvas y los valles periféricos habían quedado por lo tanto al margen durante todo ese tiempo, pero los muertos del otro lado del río evidenciaban que al fin el conflicto se había desbordado y resultaba imposible determinar qué regiones estaban en paz y en cuáles se combatía.

Intentó encontrar en el laberíntico y confuso mapa lleno de cagarrutas de mosca un camino que le llevara al mar evitando las zonas de lucha, pero por más que miró y remiró no supo descubrirlo.

El pueblo y el valle ni siquiera figuraban en aquel mapa, y el río por el que pretendía descender tal vez sería –con suerte– alguna de las delgadas líneas azules que serpenteaban entre lo que se suponía que debían ser altas montañas.

No tenía desde luego una idea demasiado exacta de dónde se encontraban, y mucho menos de qué camino deberían seguir para salir de semejante laberinto, pero de lo que sí estaba plenamente convencida era de que no podía condenar a aquellas desgraciadas criaturas a un destino de violencia y esclavitud.

En alguna parte, al este, estaba el mar.

¡El mar!

Al fin lanzó un hondo suspiro, se armó de valor, y apoderándose de su temida regla, la golpeó repetidamente contra el costado de la mesa tal como solía hacer cuando pretendía imponer autoridad a una clase demasiado alborotada.

–¡Arriba! –ordenó con firmeza–. ¡Arriba todos! Nos vamos al mar.

Los muchachos mayores, Menelik Kaleb, Bruno Grissi y Ajím Bikila, regresaron una vez más al pueblo, donde se encontraron con la sorpresa de que el viejo cabrero había cavado durante toda la noche una profunda fosa a la que iba arrojando despojos humanos que a menudo tenía que disputar violentamente a hienas, buitres y chacales.

–¡Alejaos! –les gritó–. ¡No quiero que veáis esto...!

Bruno Grissi hubiera deseado ver por última vez cuanto quedaba de sus padres, pero al observar el confuso montón de pavesas en que se había convertido el antaño altivo caserón de la colina, llegó a la conclusión de que probablemente sus cuerpos formaban parte de aquellas cenizas, por lo que se limitó a desenroscar una de las pesadas bolas metálicas del cabezal de la gran cama en que había nacido, para llevársela como único recuerdo de lo que fuera su hogar y su familia.

Presentía que a partir de aquel momento su hogar estaría en algún remoto país, al otro lado del mar y lejos de África, y que toda su familia se limitaba a sus hermanos Carla y Mario, a los que tenía la obligación de salvar a toda costa.

Se conformó por tanto con musitar una corta oración frente a la puerta que había atravesado tantas veces y después regresó en busca de Menelik y Ajím, que se dedicaban a amontonar en las piraguas todos aquellos objetos, ropas y alimentos que hacían su aparición entre los escombros.

En una especie de hornacina, dentro de lo que había sido la cabaña del gigantesco Suilem, descubrieron una vetusta escopeta aún en buen estado y una lata de cartuchos que el fuego había respetado, y agradecieron en el alma que el valiente cazador oficial de la aldea hubiese sido siempre un hombre sumamente cuidadoso y precavido, que mantenía sus armas y municiones lejos del alcance de la humedad y de los niños.

Dos horas más tarde, cuando llegaron a la conclusión de que ya no quedaba nada que pudiera resultar aprovechable, se despidieron con un gesto del atareado cabrero y, trepando cada uno a una piragua, permitieron que la corriente los arrastrara mansamente.

Su última visión fue la de un pueblo en ruinas y un anciano que, con una pala en la mano, los observaba desde el borde de una gigantesca fosa con el desolado aspecto de quien está convencido de que aquéllos eran los últimos seres humanos que vería en su vida.

Ninguno de ellos lloraba.

Una zarpa al rojo vivo les estrujaba el corazón, y un vacío abismal parecía haberse asentado en sus estómagos, pero, al alejarse definitivamente de lo que había sido su mundo, se limitaron a apretar con fuerza los dientes, conscientes de que debían convertirse en el ejemplo que se verían obligados a seguir los más pequeños.

Llorar no devolvería la vida a sus padres.

Y ninguna lágrima serviría para vengarlos.

No era tiempo de lamentos o venganza, sino de encontrar el camino que los llevara a un lugar en el que vivir en paz y sin temores.

Cuando los árboles ocultaron por completo la aldea, tomaron al fin los canaletes y comenzaron a bogar en dirección al punto en que les aguardaba el resto del grupo.

Con muy buen criterio la *señorita* Margaret había decidido que los pequeños no tuvieran que pasar por la dura prueba de ver, ni aun de lejos, lo poco que quedaba de sus hogares, y por lo tanto los había conducido a través del bosque hasta un claro en el que aguardaban tan en silencio que costaba trabajo aceptar que fueran los mismos mocosos que acostumbraban a salir de la escuela dando alaridos, gritando y persiguiéndose para lanzarse de cabeza al río y chapotear hasta la hora del almuerzo.

Antes de embarcar, la *señorita* Margaret los dividió en tres grupos y cuando les dirigió la palabra no lo hizo como la bondadosa maestra que confía en que tal vez le hagan caso, sino en el firme tono de quien considera que su autoridad resulta indiscutible y no está dispuesta a aceptar la más mínima objeción a sus órdenes.

–Cada uno de vosotros responderá directamente del que le siga en edad dentro de cada grupo –dijo–. Mientras que Menelik, Ajím y Bruno serán a su vez los responsables de cada uno de esos grupos. Y nadie, ¡oídme bien!, nadie desobedecerá las indicaciones de quien esté por encima de él, o juro que se acordará de mí mientras viva –les dirigió una severísima mirada–. ¿Está claro?

La mayoría asintió de inmediato, pero como debió de tener la sensación de que no todos parecían muy de acuerdo, añadió en idéntico tono:

–Ahora no se trata de castigaros por una travesura más o menos grave. Ahora se trata de que tal vez nuestras vidas dependerán de que nadie cometa el más mínimo error. –Alzó un dedo amenazante–. Seré muy dura –concluyó–. Tan dura como jamás hubierais imaginado que pudiera llegar a serlo.

Hizo un gesto para que se acomodaran en las embarcaciones, y lo fueron haciendo ordenadamente, de menor a mayor, puesto que pese a que la conocían casi desde que tenían memoria y con demasiada frecuencia no se la habían tomado muy en serio, se diría que la antaño bondadosa y permisiva maestra había sufrido una brusca transformación, convirtiéndose en un ser duro e intransigente, decidido a cumplir al pie de la letra sus amenazas.

Cuando se cercioró de que cada cual se encontraba en su puesto, la *señorita* Margaret cargó la escopeta que había pertenecido al gigantesco cazador y, cruzándosela sobre las piernas, tomó asiento en la proa de la piragua que capitaneaba Ajím, dejando que la *señorita* Abiba se acomodara en la de Bruno Grissi y sus hermanos de forma que Menelik Kaleb cerraba la marcha.

–¡Adelante! –dijo–. Y que Dios nos proteja.

Iniciaron la navegación por el tranquilo riachuelo, que no tendría por término medio más allá de quince metros de anchura y que iba abriéndose camino por entre un espeso bosque en el que gruesos enebros se entremezclaban con los gigantescos brezos, que tan sólo crecen en las más remotas regiones de Etiopía.

A veces desembocaban de improviso en una corta pradera en la que, sobre las altas gramíneas parduzcas, destacaban esbeltas acacias de ancha copa a cuya sombra podía distinguirse en ocasiones a un solitario lobo de Abisinia, de rojo pelaje y negra cola, que, pese a su temible nombre, tenía más aspecto de perro o de raposa que de auténtico lobo.

Jamás se movían ni demostraban el más mínimo recelo ante la presencia humana, limitándose a observarles de reojo como quitándoles importancia, quizá molestos por el hecho de que vinieran a importunarles en horas del mediodía, que eran las que solían aprovechar para descansar y hacer la digestión tras un copioso almuerzo.

Era tal la cantidad de ratas parduzcas que pululaban por aquellos abiertos prados de alta hierba, cavando sus madrigueras en la corta capa de tierra suelta que apenas cubría un suelo de firme roca o dura arcilla, que tanto los lobos como los aguiluchos, halcones o cernícalos que se alimentaban de ellas, se veían gordos, relucientes y en apariencia tan satisfechos de la vida que les había tocado vivir, que se diría que se encontraban en el mismísimo umbral del paraíso.

Tales ratas, auténtico «maná» para sus incontables

depredadores, constituían no obstante la más terrible de las plagas para los escasos seres humanos de la región, que se veían obligados a luchar a todas horas para alejarlas de sus hogares y sus cosechas, y raros eran los niños de la aldea que no hubieran sido atacados en alguna ocasión por los agresivos roedores.

La única forma de combatirlos era formar un círculo de fuego en torno a sus praderas y permitir que se fuera estrechando hasta abrasarlos por millares, pero como había que aguardar a la época seca para que la hierba ardiera con rapidez, se corría el riesgo de que el fuego se propagara a los bosques vecinos, con lo que se provocaba una auténtica catástrofe en la que más de un incendiario había caído, víctima de sus propios métodos.

En los momentos de más calor, cuando sus enemigos dormitaban, las enormes ratas aprovechaban para abrevar, por lo que no resultaba difícil distinguirlas asomando el hocico entre los matojos o correteando por las diminutas playas del río.

Para la mayoría de los niños que iban a bordo de las embarcaciones, cazar ratas había constituido desde siempre una de sus principales obligaciones, pero en aquellos momentos las observaban no como al odiado enemigo de su pueblo, sino casi como una parte muy importante de su existencia, que iría quedando atrás a medida que el río se fuese adentrando en las rocosas gargantas que separaban el largo y conocido valle en que habían nacido del resto del universo.

Aquella remota región de Etiopía constituía una

especie de agreste isla de lava y piedra negra encallada como un gigantesco barco entre las amarillas arenas del desierto sahariano y el azul del mar, con cumbres que en ocasiones superaban los cuatro mil metros de altitud y farallones de roca que caían como cortados a cuchillo hasta dos mil metros más abajo, de tal forma que no muy lejos de allí, en el nacimiento del Nilo Azul, existía un desfiladero en cuyo interior el famosísimo cañón del Colorado americano hubiese pasado casi desapercibido.

Era aquélla una naturaleza torturada, con solitarias mesetas que se elevaban como si los demonios del averno hubiesen estado intentando abrirse camino hacia el exterior, y abismos tan estrechos y profundos que ni tan siquiera las águilas podían atravesarlos, puesto que las violentísimas corrientes de aire las estrellaban contra las paredes o las engullían como si de un monstruoso sumidero se tratase.

Arriba, a unos tres mil metros sobre el nivel del mar, el violento sol del trópico abrasaba, pero en el fondo de las gargantas, adonde ese mismo sol nunca llegaba y por las que corrían violentos riachuelos, el aire se enfriaba de tal modo que estaba en continuo movimiento, hasta el punto de que con frecuencia los llantos y rugidos que producía ese viento al rozar con rocas y arbustos se podían escuchar a kilómetros de distancia.

«Donde cantan los Dioses» era probablemente la región más agreste del planeta que no se encontrase dominada por nieves perpetuas, y sobre su rugosa superficie de oscura lava, que semejaba la cuarteada piel de un cocodrilo de dimensiones cósmicas, se asentaba durante la época de lluvias una espesa neblina provocada por la violenta evaporación, lo que contribuía a darle al tétrico paisaje una dimensión aún más amenazante.

Descender hasta el fondo de uno de aquellos inconcebibles barrancos para trepar de nuevo por la pared opuesta, exigía a menudo semanas de arriesgado esfuerzo, por lo que no resulta extraño que grandes extensiones de la región aún no hubiesen sido visitadas por ser humano alguno, o existiesen aldeas que no habían evolucionado un ápice en el transcurso de milenios.

La siempre animosa *señorita* Margaret recordaba no obstante con auténtico horror el largo viaje que hiciera casi cuarenta años atrás, cuando su padre andaba a la búsqueda de un remoto lugar en el que la palabra del Señor resonase con la misma frescura y sinceridad con que había sonado en la antigua Galilea.

Hombre de vocación tardía, el reverendo Alex Mortimer había escuchado por primera vez tales palabras cuando su esposa le abandonó, dejándole como único recuerdo una niña escuchimizada y enfermiza, que según los médicos difícilmente resistiría el intenso calor de las regiones tropicales a no ser que se tratase de un clima benigno y húmedo, más propio de las altas montañas que de las selvas, las praderas o los desiertos africanos. Tras largos estudios y consultas el reverendo Mortimer llegó a la conclusión de que el macizo etíope era el único lugar del Continente Negro que reunía las dos condiciones básicas que se había impuesto para llevar a cabo su nueva tarea: gentes primitivas y necesitadas de fe, y aire puro y fresco para los pulmones de su pequeña Maggie.

Si bien el largo trayecto en tren desde Yibuti a Addis-Abeba resultó ciertamente fascinante y sirvió para que tanto padre como hija se enamoraran desde el primer momento del estilo de vida local, la interminable expedición a lomos de mula por la agreste y laberíntica meseta se transformó en un auténtico martirio que tal vez contribuyó en gran parte a que la *señorita* Margaret no sintiese nunca el más mínimo deseo de abandonar el valle.

El vértigo que se adueñaba de los cuerpos, e incluso de las almas, cada vez que una piedra se estremecía bajo las pezuñas de las bestias al borde de un precipicio de más de mil metros de profundidad, constituía aún ahora un recuerdo tan vivo como lo fuera en los lejanos tiempos en los que solía despertarse dando alaridos porque se imaginaba cayendo hacia un oscuro riachuelo de aguas turbulentas que la arrastraba, golpeándola contra afiladas rocas, las cuales acababan por desgarrarla en mil pedazos.

A menudo, pasado el mediodía, se formaban lluvias torrenciales en un cielo intensamente azul en el que docenas de dispersas nubecillas de inocente aspecto se sentían súbitamente atraídas entre sí como algodonosos imanes que cambiaran de polo para formar una enorme y amenazante nube negra a la que un viento huracanado arrastraba a baja altura, obligándola a descargar con furia toneladas de agua, hasta el punto de que en menos de media hora dejaba la altiplanicie convertida en un fangal, para luego desaparecer como por arte de magia, dando paso a un violento sol que sumía las cumbres en un manto de vapor que impedía la visión a más de cien metros de distancia.

Los arroyos se desbordaban, las pequeñas lagunas rebosaban, y si por casualidad el brutal chaparrón sorprendía a los viajeros subiendo o bajando por uno de los senderillos de los acantilados, se veían obligados a buscar una roca a la que afianzarse, pues, al poco, desde el borde superior caían a plomo toneladas de agua capaces de arrastrarles al abismo, y el sendero se volvía tan resbaladizo como una pista de patinaje.

La *señorita* Margaret cerraba los ojos y aún se veía abrazada a una de aquellas rocas observando cómo el fango descendía hacia ella como una masa de fría lava que se deslizase mansamente por la ladera de un volcán, y aún resonaban en sus oídos los aterrorizados relinchos de una mula que, al no tener posibilidad de asirse a parte alguna, resbalaba inevitablemente por el estrecho caminillo durante casi un centenar de metros antes de precipitarse al vacío pateando en el aire como si culpase al cielo por no haberle proporcionado manos o garras con las que aferrarse a la vida.

Sentada en la proa de la embarcación y con la escopeta firmemente empuñada, la *señorita* Margaret no podía por menos que preguntarse qué ocurriría cuando en lugar de ir acompañada por experimentados guías que conocían perfectamente el terreno que pisaban, tuviera que ser ella, con sus escasas fuerzas, la que intentara impedir que aquellas pobres criaturas cayeran al abismo.

–¡Que Dios nos ayude! –se vio obligada a murmurar para sus adentros, y al volverse a contemplar los lívidos rostros de quienes parecían haber depositado en ella todas sus esperanzas, cayó en la cuenta de la magnitud de la responsabilidad que había asumido, y advirtió cómo las manos le temblaban levemente sobre la culata del arma.

¿Había hecho bien al alejar a los niños del valle exponiéndolos a un viaje infernal en el que les aguardaban incontables peligros, o hubiera sido preferible dejarlos en la aldea permitiendo que sobrevivieran aunque fuera como esclavos?

Sabía que era aquella una pregunta que la obsesionaría hasta el fin de sus días, pero sabía también que ya la suerte estaba echada, y que de lo único que tenía que preocuparse ahora era de encontrar el camino que les llevara lo más rápidamente posible al mar.

¿Era aquel río ese camino?

La selva se iba espesando a medida que avanzaba la tarde, llegó un momento en que los calveros de alta hierba y copudas acacias dejaron de hacer su aparición por la orilla izquierda, y los altísimos árboles de musgoso tronco se fueron vistiendo poco a poco de largos velos que conferían al silencioso bosque un aspecto fantasmagórico, hasta el punto de que el simple rumor de los remos al surgir del agua restallaba como un estampido en mitad de la noche.

Aquél era un mundo exclusivamente vegetal, sin duda alguna; un mundo hecho de agua, una gruesa capa de hojarasca putrefacta, y de madera reblandecida por una humedad de siglos.

La asustadiza Nadim Mansur gimió.

Fue el suyo un sollozo ahogado y en apariencia voluntariamente contenido, pero ese leve lamento abortado al instante mostró con mayor claridad que el más desconsolado llanto hasta qué punto el miedo al bosque de los trasgos y los ogros se había apoderado de aquellas desgraciadas criaturas.

–¡Cantemos! –ordenó secamente.

Y cantaron.

Cantaron con más ardor que nunca y con más rabia, pues aquél era un canto para espantar al miedo; un canto a la esperanza de vivir, a la necesidad de escapar de quienes eran capaces de decapitar niños de tres años, y al ansia de encontrar un lugar en el que sentirse protegidos.

Cantaron las únicas canciones que sabían: incongruentes canciones infantiles que resultaban absurdas en semejante lugar, pero que eran al propio tiempo aquellas que de alguna forma les remontaban a los felices tiempos en que su mayor preocupación era cantar en el patio de la escuela aguardando a que acabaran las clases para correr a chapuzarse en el río.

¿Era acaso aquél el mismo río?

Sentado a popa de la segunda de las embarcaciones, y manejando con sumo cuidado el canalete con el que conseguía que la larga piragua se mantuviese a duras penas en el centro de la corriente, Bruno Grissi observaba el tupido bosque que mantenía las orillas en continua penumbra, y se preguntaba si en verdad podía ser aquél el mismo río que explorara mil veces aguas arriba en compañía de Menelik Kaleb, mientras se esforzaba por descubrir las razones por las que una naturaleza que siempre se le había antojado hermosa y apacible, se iba volviendo a cada paso más hostil y sobrecogedora.

Su hermana Carla, cuya rubia melena le rozaba de tanto en tanto las rodillas, temblaba cada vez que una rama recubierta por aquella especie de sudario vegetal se inclinaba sobre el agua amenazando con rozarla, y, recordando las oscuras noches en que acudía a buscar refugio en su cama, asustada por el viento o el aullido lejano de un chacal, Bruno podía hacerse una idea de hasta qué punto debería sentirse aterrorizada, y qué esfuerzos estaría haciendo para no comenzar a gritar llamando a su madre.

Le acarició el cabello y ella se volvió y le dirigió una mirada agradecida.

En cierto modo, Bruno Grissi se sentía casi más padre que hermano de la pequeña, pues pese a ser apenas un muchacho, las continuas ausencias de un hombre que se pasaba semanas enteras borracho tumbado en un galpón de los cafetales, le habían obligado a asumir a menudo el difícil papel de cabeza de familia.

Su madre había sido desde que recordaba una mujer vencida y sin recursos con que hacer frente a la excesiva afición al alcohol de su marido, por lo que bastante había tenido a lo largo de su miserable existencia con ir sacando a sus hijos adelante, al tiempo que trataba de impedir que el desvencijado caserón de madera que hacía las veces de hogar se les cayera encima.

Había demostrado siempre ser mejor carpintero

que amante y mejor albañil que cocinero, por lo que Bruno aún recordaba la sorpresa de su hermano Mario el ya lejano día de Navidad en que Paola Grissi decidió despojarse de su viejo mono de trabajo para lucir por primera vez en muchos años una blanca blusa y una falda plisada.

–¡Caray! –exclamó admirado el chiquillo–. Te pareces a la *señorita* Margaret.

–La *señorita* Margaret tiene quince años más que yo –fue la agria respuesta–. Tal vez sea mejor que vuelva a ponerme el mono.

Así recordaría siempre Bruno a su madre: vieja y encallecida en las manos y en el alma; cansada de vivir antes de haber vivido; y hastiada de todo sin haber estado nunca satisfecha de nada.

Observó a Mario, que dormitaba con la cabeza apoyada en la borda, y cayó en la cuenta de que tanto Carla como él parecían haber depositado en sus manos la responsabilidad de salvarles, tal vez debido al hecho de que en el fondo de sus almas siempre habían confiado más en Bruno que en su propio padre.

Oscurecía.

El veloz crepúsculo etíope acudía fiel a una cita en la que las sombras empujaban con brusquedad a la luz con la intención de ocupar su lugar sin miramientos, por lo que se vieron obligados a buscar un claro entre los árboles en el que levantar algo que recordara remotamente a un campamento.

La leña estaba húmeda y como no se sentían con fuerzas para talar un grueso tronco cuyo corazón ardiera fácilmente, se vieron obligados a quemar uno de los bancos de las piraguas, a cuyo rescoldo secaron las ramas verdes.

Más tarde éstas chisporroteaban lanzando un humo espeso y agrio que obligaba a toser, aunque para los niños cualquier humo parecía preferible a unas tinieblas en el corazón de aquel bosque endemoniado.

La *señorita* Margaret distribuyó las guardias por edades: Ajím Bikila, la primera, Bruno Grissi, la segunda, y a Menelik Kaleb la más dura y en apariencia peligrosa; aquella que precedía al amanecer, hora en que las fieras de la alta selva acostumbraban a iniciar sus cacerías.

Se ordeñaron las cabras, la *señorita* Abiba preparó unas gachas de mijo, y se permitió que la fatiga derrotase de nuevo a los más pequeños, que al menos por unas horas regresaron a la segura paz de sus hogares, soñando con un despertar en el que la vida verdadera hubiera sido en realidad la pesadilla.

Muy a lo lejos rugió un leopardo.

Tal vez no fuera un auténtico leopardo, sino tan sólo un viejo macho desarraigado de alguna de las incontables familias de papiones que acostumbraban a vagar por los valles cuando llegaban las lluvias a la montaña, pero a las pobres mujeres y los atemorizados niños se les antojó el más espeluznante rugido que hubiese llegado jamás a sus oídos, y Ajím Bikila, que sujetaba en esos momentos la vetusta escopeta, a punto estuvo de apretar el gatillo.

Luego ya todo fue silencio, porque incluso los que lloraban lo hacían en silencio.

A media mañana el río comenzó a ganar velocidad y a encajonarse.

Los brezos y los enebros dejaron paso a grandes rocas oscuras que se alzaban amenazantes a una y otra orilla, y cuando una de ellas hizo su aparición en el centro del cauce formando a su alrededor peligrosos remolinos, la *señorita* Margaret advirtió que había que tener mucho cuidado, pues algunos de los pequeños no sabían nadar demasiado bien.

–Mi padre aseguraba que río abajo existe una gran catarata –señaló Ajím Bikila–. Tal vez ya estemos cerca.

–¿Y qué hay más allá?

–No lo sé. Nunca me lo dijo.

Una hora más tarde la fuerza de la corriente casi les impedía mantener el control de las embarcaciones, y cuando al fin surgió ante ellos un horizonte ilimitado en el que el río desaparecía como por arte de magia, les llegó con claridad el lejano rumor del agua al caer desde gran altura.

Vararon las embarcaciones en la orilla más próxima para que Menelik Kaleb y Bruno Grissi se aproximaran a investigar mientras el resto del grupo aguardaba a poco más de un kilómetro de distancia.

Llegar hasta la cascada no les resultó demasiado difícil, pero una vez en el borde les asombró comprobar que la enorme masa de agua se desplomaba limpiamente en una caída libre de casi cien metros, para alejarse luego a través de una llanura cubierta de arbustos que se perdían de vista en la distancia.

Aquél no constituía en realidad más que uno de los incontables escalones por los que el altivo macizo etíope descendía hacia poniente, pero aun siendo como era un minúsculo accidente comparado con los portentosos farallones cortados a cuchillo de las altas regiones que habían quedado a sus espaldas, bastaba por sí solo para impedirles el paso, pues resultaba evidente que en aquella remota e inhóspita región tan alejada de los núcleos habitados, nadie se había molestado en trazar un sendero que bordease el abismo.

–¿Qué hacemos ahora? –quiso saber Menelik Kaleb.

–Volver –fue la seca y desesperanzada respuesta de su amigo.

–¿Volver adónde? –se escandalizó el muchacho–. No me veo remando río arriba para sentarme a esperar a que vengan a degollarme. –Negó con firmeza al tiempo que señalaba hacia abajo–. Prefiero despeñarme bajando por ahí –concluyó.

–Pero no hay camino… –le hizo notar el pecoso–. ¿Acaso ves algo?

–Los caminos no existen hasta que se abren –fue la firme respuesta–. Busquemos.

Buscaron durante horas, y cuando al fin regresaron junto al grupo, fue para dejarse caer al suelo agotados por el esfuerzo y la desilusión.

–Tan sólo existe una remota posibilidad de bajar, y es descolgándose –señaló Menelik–. Resultará muy peligroso, pero no hay otro modo –observó con fijeza a la *señorita* Margaret, seguro como estaba de que era ella quien en definitiva habría de tomar la decisión, para añadir en tono abiertamente pesimista–: O eso, o regresar.

–Por peligroso que resulte tendremos que intentarlo –fue la respuesta–. ¿Qué hay más allá?

–De nuevo el río –intervino Bruno Grissi–. Pero está claro que no podremos bajar las piraguas.

–Construiremos balsas.

–¿Con qué? Abajo no se ven más que arbustos y matojos.

La *señorita* Margaret meditó mientras la totalidad de los presentes la observaba en silencio, y por último señaló las tres largas y recias embarcaciones.

–Utilizaremos la madera de las piraguas –señaló–. Las dejaremos caer y aunque se destrocen, lo que quede nos servirá para construir una balsa.

–Si las dejamos caer, cuando lleguemos abajo la corriente se las habrá llevado –le hizo notar con toda la razón Menelik Kaleb.

–Yo puedo quedarme –se ofreció Ajím Bikila–. Esperaré a que estéis abajo, lanzaré las piraguas para que podáis recogerlas antes de que se las lleve la corriente, y descenderé en último lugar.

La *señorita* Margaret, cuya autoridad resultaba a todas luces indiscutible, alzó la mano al tiempo que se ponía en pie cansinamente.

–Primero vayamos a ver por dónde hay que bajar –dijo–. Luego decidiremos.

Maestras, niños y cabras recorrieron por tanto la corta distancia que les separaba de la catarata y, al asomarse al precipicio, la regordeta Zeudí a punto estuvo de lanzarse al vacío, presa de un ataque de vértigo.

–¡Yo no bajo por ahí ni loca! –exclamó en el acto dando un salto hacia atrás–. No soy un pájaro.

–Pues no hay más remedio –le hizo notar Bruno Grissi.

–¿Pero por dónde? –se lamentó la infeliz muchacha–. No hay rastro de caminos.

No lo había, en efecto, y la arriesgada opción que ofrecían Bruno y Menelik constituía en descender hasta un saliente desde el que se verían obligados a deslizarse con cuerdas durante más de setenta metros de caída libre.

–¡Pero si no tenemos cuerdas! –les hizo notar en el acto la desconcertada maestra.

–Emplearemos «lianas de agua» –señaló Bruno–. Las trenzaremos bien y llegarán abajo.

–Nunca se ha trenzado una «liana de agua» de tanta longitud –afirmó Ajím Bikila convencido–. Dudo que resista.

–Pues tiene que resistir... –sentenció Menelik Kaleb–. Emplearemos el tiempo que haga falta, pero la haremos.

Las «lianas de agua», que por suerte proliferaban en los cercanos bosques de la montaña, se diferenciaban del resto de las de su especie por la peculiar característica de que, cuando se les hacía un corte por arriba y otro por debajo, dejaban escapar un chorro de agua limpia, fresca y burbujeante que semejaba una bebida carbonatada, por lo que los niños acostumbraban a buscarlas en el interior de la espesura.

Cuando ya toda esa agua se había escurrido, se convertían en una especie de manguera flexible y húmeda, de poco más de un dedo de grosor, con la que se podía trenzar resistentes sogas, que presentaban no obstante el notable inconveniente de que en cuanto la corteza comenzaba a secarse se resquebrajaban con suma facilidad, hasta el punto de acabar por convertirse en polvo.

Tal como el prudente Ajím señalara con muy buen criterio, hasta aquel momento nadie había intentado trenzar una maroma tan gruesa y tan larga a base de «lianas de agua», pero tal como le replicara con idéntico criterio Bruno Grissi, probablemente no se intentó porque nadie tuvo nunca necesidad de emplear tanto esfuerzo en algo que habría de perdurar tan poco.

–Habrá que cortar las lianas, vaciarlas, trenzarlas y descender uno por uno en menos de veinticuatro horas –argumentó el pecoso–. No resultará cosa fácil, pero trabajando duro podríamos conseguirlo.

La *señorita* Margaret sopesó los pros y los contras, estudió los ansiosos y en cierto modo atemorizados rostros de unos críos a los que tantísimas veces había limpiado los mocos, e incluso el trasero, y acabó por asentir con un severo gesto de cabeza:

–¡Manos a la obra! –ordenó–. ¡Y que Dios nos ayude…!

Dedicaron lo que quedaba de día a localizar las lianas cortándolas desde las copas mismas de los árboles, y, una vez vaciadas, los más pequeños las presionaban para extraer hasta los últimos restos de materia esponjosa que quedaba en su interior, introduciéndolas luego en un gran charco para que mantuvieran la humedad hasta que llegara el momento de comenzar a trenzarlas.

Tras la cena, en la que no quedó más remedio que sacrificar a otro cabritillo, ya que no podían mantenerse únicamente a base de leche y gachas de mijo, se encendió una enorme hoguera y a su luz se inició la tarea de ir trenzando las lianas, empatándolas unas con otras y reforzando esos empates con cabos de las escasas cuerdas que llevaban en las piraguas.

Fue una noche larga y fatigosa en la que muchos de los más pequeños acabaron quedándose profundamente dormidos, pero entre las dos mujeres y los seis o siete mayores consiguieron al fin una gruesa y pesada maroma de casi ochenta metros, que aunque ofrecía un aspecto en verdad preocupante, parecía no obstante ser muy capaz de resistir el peso de cualquiera de los allí presentes.

Con la primera luz del día se inició el descenso.

Menelik Kaleb, padre de la idea, insistió en ser el primero en arriesgarse, por lo que, amarrándose el extremo más débil de la improvisada cuerda a la cintura, se colocó de espaldas al borde del precipicio y lanzó una asustada aunque animosa sonrisa a sus amigos.

–¡Os veré abajo! –susurró roncamente.

Centímetro a centímetro fueron dejándole caer, y

aquellos que no mantenían la maroma podían observar, desde lo alto, cómo se balanceaba en el vacío, cómo el viento jugueteaba con él como si se tratara de una pluma, y cómo el agua que ese viento arrastraba desde el salto le empapaba.

Fueron unos largos y tensos minutos que ninguno de los presentes olvidaría mientras viviese, puesto que lo que pendía de la frágil soga no era tan sólo la vida de un amigo, sino tal vez la vida de todos ellos, que se verían obligados a volver a la aldea si el intento fallaba.

Cuando al fin el animoso muchacho puso los pies en tierra firme, agitó alegremente el brazo y alzó los dedos en señal de victoria.

El siguiente fue Mario Grissi, luego la *señorita* Abiba y así fueron descolgándose uno tras otro, aunque en un momento dado Ajím se vio en la dolorosa obligación de dejar inconsciente de un golpe a la nerviosísima Nadim Mansur, puesto que chillaba y pataleaba presa de un violento ataque de histeria.

Cuando ya más de la mitad de los niños y la totalidad de las cabras se encontraban abajo, entre Bruno Grissi y el propio Ajím fueron empujando una tras otra las piraguas hasta conseguir que la corriente las arrastrara hacia la catarata, y fue un hermoso espectáculo verlas caer hundiéndose como lanzas en la laguna, aunque a los pocos minutos hacían de nuevo su aparición para que Menelik y el resto de los muchachos las recogieran.

La nota humorística la puso la regordeta Zeudí, que se orinó mientras la descolgaban.

El penúltimo en descender fue Bruno Grissi, mientras que a Ajím Bikila, que era sin duda el más fuerte, se le presentaba la dificultad añadida de tener que descender a pulso, ya que arriba no quedaba quien pudiera sujetarle.

Habría resultado conveniente dejarle algún tiempo para descansar tras el continuo esfuerzo que había tenido que hacer ayudando a los demás, pero, con el paso de las horas y la violencia del sol que caía a plomo, las lianas de agua comenzaban a resquebrajarse, y se corría el riesgo de que en cualquier momento la rústica cuerda se deshiciese.

Desde casi un centenar de metros más abajo, el resto del grupo le observaba con el alma en un hilo.

Al fin, con la espectacularidad del trapecista que se dispone a efectuar un arriesgado ejercicio que requiere de todo su esfuerzo y concentración, el muchacho estiró una y otra vez los músculos, se secó las palmas de las manos, y, colocando el estómago sobre la lisa roca, sacó las piernas al vacío y comenzó a descender.

Tan sólo se escuchaba el estruendo del agua.

De tanto en tanto, Ajím enredaba la pierna a la maroma y se detenía para recuperar el aliento y secarse una y otra vez las sudorosas manos, y si largo y angustioso se les había antojado a cada uno de los protagonistas de semejante aventura su propio descenso, más largo y angustioso les pareció aquél, puesto que eran conscientes de que en cualquier momento el trabajo de toda una noche podía deshacerse.

–¡Vamos, vamos...! –musitaba en voz muy baja la *señorita* Margaret–. ¡No te detengas...!

Ajím se encontraba ya a unos treinta metros del suelo cuando advirtió que algo se quebraba levemente bajo la presión de su mano, por lo que optó por dejarse deslizar a toda prisa, lo que provocó que dos largas quemaduras hiciesen su aparición en el pecho y en una de sus piernas pese a lo cual llegó a tierra sin problemas.

La mañana siguiente la dedicaron a construir una tosca balsa con las maderas de las piraguas, y, tras un frugal almuerzo, continuaron río abajo, mucho más relajados, puesto que el paisaje que se abría a ambas orillas no era ya una amenazante selva de altos árboles que parecían fantasmas, sino una abierta pradera de hierba rala y anchas lajas de roca entre las que destacaba algún arbusto leñoso incapaz de dar sombra ni siquiera a un conejo.

Al poco, el agua comenzó a abrirse camino a través de un negro roquedal basáltico y parecía como si antiquísimos volcanes hubieran tenido el extraño capricho de cubrir aquella parte de la tierra de oscuras columnas pentagonales de poco más de un metro de lado, separadas entre sí por estrechas hendiduras del tamaño de una mano, a través de las cuales se filtraba un agua ahora amarillenta y tan tranquila que se veían obligados a emplear largas pértigas para avanzar corriente abajo.

Curiosamente, el calor iba en aumento a medida que avanzaba la tarde.

El sol había iniciado ya su lento descenso hacia el horizonte, pero aun así el vaho que despedían las rocas resultaba cada vez más denso, como si aquellas negras columnas de piedra estuviesen devolviendo multiplicada por mil la energía que ese mismo sol les había estado enviando desde primeras horas de la mañana.

El agua era de igual modo cálida y espesa, no se advertía rastro de vida alguna en cuanto alcanzaba la vista, y un silencio que incluso hacía daño a los oídos parecía ser dueño desde muy antiguo de aquella desolada llanura sin horizontes.

No fue hasta el anochecer cuando numerosas familias de papiones de entre diez y quince miembros cada una comenzaron a abandonar sus ocultas cuevas de tierra adentro para aproximarse a las orillas, y los grandes machos de largo pelaje rojizo rugían y amenazaban a los tripulantes de la balsa enseñando los colmillos y ensayando toda clase de muecas con la evidente intención de obligarles a abandonar lo que debían considerar territorios privados.

–¿Se comen? –quiso saber la siempre hambrienta Zeudí, para quien todo cuanto se moviera en este mundo era por principio candidato a la cazuela.

–Suilem se los comía –admitió Ajím, que siempre había sentido una especial atracción por los apasionantes relatos y las correrías del valiente cazador–. Al menos eso decía.

–Tal vez podríamos cazar un par de ellos.

–Tenemos pocos cartuchos.

–Más vale sacrificar un cartucho que una cabra –sentenció Menelik Kaleb, y tomando el arma de manos de la *señorita* Margaret, aguardó a que varios papiones estuvieran apiñados y les disparó casi a bocajarro, matando a tres y dejando a otros dos malheridos.

La carne de los nerviosos y malolientes simios resultó bastante dura y no demasiado apetitosa, pero aunque tres de los niños se negaron a probarla, no fue por su sabor, sino por el hecho de ver cómo se asaban a fuego lento clavados en estacas, con lo que les asaltó la sensación de que se trataba de recién nacidos a los que estuvieran devorando en una horrenda ceremonia de canibalismo.

Siguieron varias jornadas tranquilas de lenta y pacífica navegación, que discurría a través de un paisaje por el que se diría que el ser humano no había sentido nunca el más mínimo interés, debido sin duda al hecho de que la desolada y pedregosa tierra no ofrecía frutos de ningún tipo, ni posibilidad alguna de obtenerlos.

Fueron días que sirvieron no obstante para cimentar la relación de interdependencia en el seno del grupo, afianzando el papel de cada cual con respecto al resto, en una extraña pero compacta comunidad itinerante que avanzaba por un manso río en busca de no sabían qué, no sabían dónde.

Una mañana distinguieron a lo lejos la figura de un hombre apoyado en una larga lanza y una sola pierna, que los observaba con la otra pierna alzada como si se tratara de una gigantesca grulla que no demostrase excesiva curiosidad por los extraños.

Era muy alto y muchísimo más negro de lo que pudiera serlo jamás ningún etíope de montaña, pero en cuanto hicieron el más mínimo ademán de aproximar la balsa a la orilla, desapareció como si de improviso se hubiera transformado en una de las millones de negras rocas de la llanura.

–Tenía aspecto de sudanés… –aventuró esa noche la *señorita* Margaret cuando en el transcurso de la cena salió a colación la misteriosa forma en que se había esfumado.

–Pero Sudán queda muy lejos –le hizo notar la *señorita* Abiba, que era quien lógicamente más nociones tenía de geografía entre el resto del grupo.

–Lo sé –admitió su ex maestra y ahora íntima amiga–. Pero desde hace un par de días el río discurre siempre hacia el oeste. Y hacia el oeste está Sudán.

–¡Pero lejos…!

–¡Pero Sudán! –recalcó con firmeza la *señorita* Margaret–. Y no tenemos la más mínima idea de cuánta distancia hemos recorrido.

–¿Y dónde queda entonces el mar…? –quiso saber la preciosa «Reina Belkiss», que hasta ese instante no había abierto ni una sola vez la boca.

La *señorita* Margaret no se sintió con fuerzas como para aclarar que según sus cálculos el mar debía de estar en dirección opuesta a la que seguían, y por lo tanto iba quedando cada vez más a sus espaldas, puesto que aún confiaba en que el río girara hacia el sudeste para encaminarse directamente al océano Índico.

Tan sólo Menelik Kaleb parecía tener muy claro que no avanzaban en el rumbo correcto, y durante una de las numerosas ocasiones en que se alejó en compañía de su inseparable Bruno Grissi en busca de algo que cazar, tomó asiento al pie de un arbusto espinoso y señaló sin ningún tipo de preámbulos:

–Nos hemos perdido.

El otro le contradijo con decisión:

–Perdidos estaríamos si hubiéramos equivocado el camino –puntualizó–. Pero como desde un principio no existía camino alguno que seguir, simplemente vagamos.

–Sea como sea, buscábamos el mar y me temo que por aquí no hay mar que valga. ¿Qué vamos a hacer ahora?

–Lo que diga la *señorita*.

–¿Y si está equivocada? –quiso saber el otro.

–Si está equivocada, rectificará, porque ella siempre sabe lo que hace –sentenció Bruno Grissi–: Para eso ha estudiado tanto.

–Ha estudiado mucho, en efecto –admitió su espigado amigo, que parecía haber madurado años en el transcurso de unos días–. Pero cuanto ha ocurrido no está en los libros. –Hizo un gesto hacia la árida llanura–. No tiene ni idea de dónde nos encontramos.

–¿Cómo lo sabes?

–Lo noto en su mirada –fue la respuesta–. La conozco, y recuerdo que cuando le hacía una pregunta comprometida comenzaba a rascarse las cejas –sonrió con tristeza–. Y ahora no para de rascárselas.

–También yo me he dado cuenta –reconoció el pecoso–. ¿Pero acaso se te ocurre alguna idea mejor?

–¿Mejor que cuál? –quiso saber Menelik Kaleb–. Hasta ahora nos limitamos a seguir un río, que en lugar de ser como yo suponía que eran todos los ríos, cada vez más ancho y caudaloso, resulta cada día más estrecho y mustio –se encogió de hombros–. La verdad es que no se me ocurre ninguna idea mejor. ¿Adónde podríamos ir por estos pedregales...?

Era ciertamente aquélla una vía de una sola dirección; un amarillento arroyuelo que parecía irse desangrando como si esa tierra yerma le fuese chupando la sangre gota a gota, derrochando un bien tan preciado de una forma absolutamente estéril, puesto que no crecía en aquellas márgenes rocosas ni una brizna de hierba que sirviera para alimentar a la más mísera cabra.

El agua se filtraba sin provecho por entre las negras lajas de piedra o las columnas de basalto, por lo que el bravío caudal que se despeñara con furioso estruendo por la inaccesible catarata, se había transformado en exangüe corriente de un maloliente líquido que más parecía orines de burro, hasta el punto de que muy pronto la balsa comenzó a rozar con las piedras del fondo.

Luego, una triste mañana inolvidable, llegaron a la conclusión de que el hermoso río de su infancia y al que tan unidos se sentían por sus juegos y sus años de felicidad, estaba muerto y enterrado allí, bajo sus propios pies, que chapoteaban ahora en una interminable llanura fangosa cuya costra se iba resecando a medida que avanzaban hacia el oeste.

De las montañas, que habían ido dejando atrás y a la derecha, no se distinguía ya ni siquiera una sombra, mientras que el calor se iba haciendo cada vez más seco y más intenso, aunque precisamente debido a esa sequedad resultaba mucho más soportable, sin el agobio del exceso de humedad de las tierras altas.

El viento soplaba a rachas, como las bocanadas de fuego al abrirse un horno o el aliento de un gigante de desacompasada respiración, pero era tan molesto con su carga de arena y tierra que obligaba a entrecerrar los ojos llenando las fosas nasales de un polvo asfixiante.

Todo era nuevo.

El cordón umbilical que les unía a su pasado –el río de sus padres– se había cortado definitivamente, y podría creerse que acababan de nacer en un mundo hostil que observaban con la misma estupefacción con que pudieran haber observado los cráteres lunares.

Chapoteando en un limo pastoso que les aferraba los tobillos en un sordo intento por atraparlos como a moscas en la miel, se fueron abriendo camino hacia el sudeste, en busca de un suelo firme en el que cada paso no exigiese un esfuerzo inaudito o no invitase a dejarse caer para quedarse allí definitivamente.

Los más pequeños comenzaron a derrumbarse.

Bruno Grissi acomodó a la agotada Carla sobre sus hombros, y cada uno de los muchachos mayores y las maestras hicieron otro tanto con los más débiles, con lo cual, al aumentar su peso, aumentaban en igual proporción sus dificultades a la hora de sacar los pies del barro, por lo que durante más de cuatro horas la *señorita* Margaret abrigó el convencimiento de que había conducido a los niños a la más horrenda de las trampas.

El esqueleto de un antílope de huesos calcinados destacaba sobre la parda llanura como clara advertencia de que la muerte acechaba en el fango, y cada vez que uno de los niños caía de bruces, se necesitaba el esfuerzo de tres para ayudarle a seguir su camino.

Pronto ellos mismos no fueron más que barro.

Vistos desde lejos semejaban un ejército de estatuas a las que algún caprichoso duende hubiese dotado de vida; seres que poco o nada tenían de humanos bajo una costra que cada vez se endurecía más y más, y cuando el destrozado Bruno Grissi encontró al fin bajo sus pies terreno duro y se volvió, lo que vio le obligó a lanzar un gemido, puesto que la mayoría de compañeros se encontraban desperdigados por el desesperante barrizal, vagando como alucinados bajo un violento sol que pretendía fulminarles.

Quiso llamar su atención, pero tenía la garganta tan seca que apenas consiguió emitir un ronco estertor, por lo que con un susurro le suplicó a su hermana Carla:

–¡Grita! ¡Grita, por favor!

La chicuela tardó en comprender qué era lo que le estaba pidiendo, pero cuando advirtió que su hermano se derrumbaba como un muñeco roto, se puso en pie de un salto y comenzó a dar alaridos al tiempo que agitaba los brazos.

–¡Aquí, aquí! –aullaba como una posesa–. ¡Venid aquí!

Uno tras otro fueron llegando en triste procesión, y uno tras otro se fueron dejando caer junto a Bruno, para quedar allí, como si se tratara en verdad de un viejo cementerio en el que el viento hubiese derribado todas las estatuas.

Hasta el amanecer del día siguiente nadie movió siquiera un músculo.

Por suerte, un corto y violento chaparrón tropical les devolvió a la vida, al tiempo que les devolvía un aspecto medianamente humano al permitir que la costra de barro se reblandeciera, y cuando poco más tarde comenzaron a erguirse y se miraron, cada uno de ellos sintió lástima de los demás y de sí mismo, puesto que les costaba un gran esfuerzo reconocer en aquellos seres fantasmagóricos a sus amigos de siempre.

–Jamás imaginé que fuera así como mueren los ríos –musitó quedamente Nadim Mansur–. ¿Dónde está el mar?

Nadie hizo comentario alguno, por lo que la *señorita* Margaret se alejó hacia una pequeña roca, tomó asiento, se aferró la cabeza entre las manos y lloró sus culpas en secreto, puesto que le constaba que había sido aquélla una pregunta a la que ella tenía la obligación de contestar, aunque no tuviera la más remota idea de cómo hacerlo.

¿Dónde estaba el mar, y en qué se parecía aquella llanura fangosa o el angustioso pedregal que se perdía de vista en la distancia, al hermoso océano azul y transparente por el que hiciera un inolvidable viaje en compañía de su padre?

Cerró los ojos avergonzada por su arrogancia al emprender aquel absurdo viaje hacia lo desconocido, y se esforzó por averiguar qué clase de castigo estaría reservado a quien por exceso de soberbia se lanzaba a un abismo arrastrando consigo a tantos inocentes.

Durante unos minutos envidió la suerte de cuantos murieran bajo la insensata furia de los soldados, planteándose una vez más si no hubiera sido preferible acabar de una vez por todas a verse obligada a soportar una larga agonía que no conducía –al igual que aquel río– más que a un fin tortuoso y de igual modo inevitable.

A sus cuarenta y ocho años, y tras toda una vida sin otra ambición que ver crecer a hijos ajenos llevando a sus mentes algo de luz y a sus almas algo de fe, la siempre animosa *señorita* Margaret se enfrentaba de improviso al hecho indiscutible de que no eran las mentes o las almas de sus alumnos las que reclamaban su atención, sino unos atormentados cuerpos a los que su demoledora ineptitud condujera al más desolado confín del universo.

¿Dónde estaban?

¡Dios de los cielos!, ¿dónde estamos?

Su padre le había hablado un millón de veces del África de las espesas selvas, los ardientes desiertos, los profundos lagos, e incluso las agrestes montañas en que habitaban gigantescos gorilas, pero que ella recordara el reverendo Alex Mortimer jamás había pronunciado una sola palabra sobre el África de los interminables pedregales, las llanuras muertas o los traicioneros barrizales, y se preguntó, perpleja, si en verdad aquel desolado lugar formaba parte del romántico continente que con tanto amor le habían descrito.

–¿Dónde estamos?

Alzó los ojos hacia el oscuro rostro de Menelik, que se había acuclillado frente a ella, y que parecía convencido de antemano de que cualquier respuesta que le diera se encontraría muy alejada de la realidad.

–Sabes muy bien que no lo sé –murmuró como si en verdad se sintiera avergonzada.

El muchacho asintió con un adusto gesto de la cabeza:

–Necesitaba que me lo confirmara para empezar a tomar decisiones. –Hizo una corta pausa como si intentase disculpar su actitud–. Pero no debe echarse las culpas por lo ocurrido –añadió–. Todos estuvimos de acuerdo en que era preferible marcharse.

La pobre mujer alzó a duras penas las manos señalando a su alrededor con un gesto impreciso:

–¿Es esto mejor?

–Mi bisabuelo, el gran jefe Shi Mansur, aseguraba que siempre es preferible salir en busca de la muerte, que quedarse a esperar a que te encuentre –fue la respuesta–. Mueres igual, pero al menos conservas el orgullo.

Su descorazonada maestra indicó con un ademán de la barbilla al grupo de niños que continuaban inmóviles:

–¿Y de qué les sirve el orgullo? –quiso saber–. Ni aplaca la sed, ni calma el dolor, ni aleja el miedo.

–A mí me sirve –señaló Menelik Kaleb en un tono que más bien parecía de adulto–. Tal vez cuando llegue a su edad ya no tenga importancia, pero ahora sí –sonrió con picardía–. Y si a mí me ayuda, supongo que también les ayudará a ellos.

La *señorita* Margaret observó con afecto a quien siempre había sido uno de sus alumnos predilectos, y que le estaba dando inequívocas pruebas de lo acertado de tal predilección, por lo que le acarició con afecto el negrísimo y ensortijado cabello en el que se le solían enredar los dedos.

–Tal vez tengas razón y el orgullo sea mucho más importante a tu edad que a la mía. –Alargó la mano para que le ayudara a ponerse en pie–. ¡Vamos...! –añadió–. Salgamos de este infierno.

Iniciaron la marcha rumbo al sur, y a la caída de la tarde comenzaron a dejar atrás el agreste pedregal que iba dando paso a un paisaje igualmente árido, pero de tierra suelta salpicada de retorcidas acacias enanas junto a las que en un par de ocasiones llegaron a distinguir famélicos antílopes que triscaban las ramas más bajas con las patas delanteras apoyadas en el tronco.

Intentaron abatir uno, pero la triste llanura no ofrecía relieves tras los que ocultarse para apuntar a esos desconfiados animales, los cuales en cuanto los veían aproximarse emprendían una veloz huida para acabar perdiéndose de vista en el horizonte.

Lo que sí abundaban eran las hienas, y se trataba de hienas muy hambrientas sin lugar a dudas, pues, aunque fueran un grupo de seres humanos compacto y numeroso, cuatro de ellas se dedicaron a seguirles a muy corta distancia.

Todos odiaban a aquellos repelentes carroñeros; recordaban que en ocasiones las hienas se aventuraban en el interior de la aldea con la intención de apoderarse de un recién nacido, y no había niño en el continente que no experimentase un estremecimiento cada vez que las oía reír en mitad de la noche.

¿De qué se reían?

De su miedo, sin duda; del terror con que Carla se volvía a observarlas, y de la fuerza con que agarraba la mano de su hermano Mario, sin apercibirse de que éste se aferraba con idéntica fuerza a la mano de Bruno.

Y así todos; del primero al último de los niños, e incluso las dos maestras, lanzaban furtivas miradas a las cojitrancas bestias que se limitaban a alejarse unos metros cuando les arrojaban piedras para continuar su avance en cuanto ellos avanzaban.

¿Y en la noche...?

La noche fue aún peor, porque las llamas de la hoguera se reflejaban en los ojos de las hienas extrayendo destellos rojizos, como si en lugar de pupilas poseyeran carbones encendidos, por lo que los chiquillos se apretujaron temblorosos, al tiempo que los mayores montaban guardia con la escopeta y los machetes a punto, decididos a defenderse aun a sabiendas de que aquellas cobardes alimañas raramente atacaban a un animal que no estuviera moribundo.

Pero es que aquéllas debían de tener mucha hambre.

Demasiada.

Se aproximaban a menos de diez metros enseñando los afilados y amarillentos colmillos, tal vez en un desesperado intento de provocar una alocada desbandada con la remota esperanza de que en la confusión tal vez conseguirían apoderarse de una cabra o de una de aquellas tiernas crías humanas, y los más pequeños sollozaban.

Abrían los ojos y en las tinieblas acechaban a quienes los acechaban a su vez como la más apetitosa de las cenas, y les costaba luego un esfuerzo inaudito volver a conciliar el sueño pese a que la *señorita* Margaret o la *señorita* Abiba los acunaran susurrando tranquilizadoras palabras de consuelo.

Fue una noche maldita que les dejó agotados, y cuando al fin el alba hizo su aparición y las frustradas fieras se alejaron en busca de sus hediondas madrigueras, chicos y grandes dejaron pasar las horas sin moverse en un postrer intento por recuperar las fuerzas que hubieran debido recuperar durante la oscuridad.

Por fin, cerca ya del mediodía, reanudaron la marcha, más por alejarse de aquel horrendo lugar y de aquellas bestias del averno que por encontrar un destino que empezaban a sospechar que no existía.

Al día siguiente vieron venir a un grupo de pastores que conducían una veintena de esqueléticos cebúes de inmensos cuernos y que mostraron de inmediato su hostilidad amenazándoles con sus largas lanzas y guturales gritos de advertencia con los que pretendían impedir que se aproximaran, como si temieran que aquel inofensivo grupo de mujeres y niños pudiera robarles un animal o contagiarles alguna extraña enfermedad.

Eran muy altos y tan flacos que se podría pensar que la primera racha de viento los derribaría como a cañas resecas, pero avanzaban a largas zancadas y con tan sorprendente agilidad, que en cuestión de minutos se perdieron de vista entre una nube de polvo dejándoles la extraña sensación de que nunca habían existido y se trataba de un espejismo fruto de sus mentes recalentadas por el sol.

–Son sudaneses... –insistió de nuevo la *señorita* Margaret–. Ojalá me equivoque, pero tengo la impresión de que hemos atravesado la frontera y nos encontramos en Sudán. –Hizo un amplio gesto a su alrededor mostrando la vaciedad del paisaje–. No hay montañas –concluyó como si con ello diese por zanjado el tema.

No había montañas a la vista, en efecto, y resultaba casi inconcebible una Etiopía sin montañas, por lo que parecía más que posible que la *señorita* Margaret tuviera razón y se encontrasen ya en tierra de los temibles sudaneses.

Etíopes y sudaneses se aborrecían desde que –tres mil años atrás– el gran Menelik I, hijo natural de la hermosísima Belkiss, reina de Saba, y del sabio rey Salomón de Israel, fundara un poderoso imperio en el corazón de las altas montañas abisinias, y ese rencor aumentó cuando con el paso de los siglos una gran parte de los etíopes se convirtieron al cristianismo llegado de Alejandría, mientras los sudaneses se decantaban por el islamismo más fundamentalista procedente de la Meca.

Mahometanos y coptos se odiaban casi con la misma intensidad con que ambos odiaban a los animistas del sur, y la *señorita* Margaret no podía por menos que preguntarse qué ocurriría cuando unos sudaneses que se encontraban a su vez también inmersos en una cruel guerra civil, descubrieran que un puñado de niños y dos mujeres del vecino país habían caído en sus manos.

–¡Dios nos asista! –murmuró una vez más.

Poco más tarde vislumbraron una alta columna de

polvo que avanzaba perpendicularmente al rumbo que seguían, y, cuando llegaron a la conclusión de que se trataba de media docena de camiones militares, se arrojaron al suelo buscando refugio entre la rala maleza, porque si algo peor existía en este mundo que los feroces soldados que habían arrasado su aldea, ese algo sería sin lugar a dudas un grupo de soldados sudaneses sedientos de sangre abisinia.

Esa noche se vieron obligados a sacrificar una de las tres últimas cabras.

La tímida y silenciosa Dacia, que era quien se había encargado de cuidarla desde el momento en que salieron de la aldea, lloró y pataleó aferrada al cuello del desgraciado animal que se había convertido en su mejor amigo y su consuelo, pero que no obstante aparecía tan flaco y agotado que en cualquier momento caería fulminado sin que en ese caso los mahometanos que formaban parte del grupo pudieran aprovecharlo.

Para poder comérselo tenían la obligación de degollarlo mirando hacia la Meca, al tiempo que pronunciaban una oración, y fue en este caso la *señorita* Abiba la que echó sobre sus hombros la pesada carga de consolar a la pequeña Dacia convenciéndola de que en el fondo estaba haciéndole un favor a una pobre bestia que sufría lo indecible cada vez que tenía que dar un paso.

La respuesta de la desolada chiquilla la dejó no obstante desconcertada.

–Muy pronto también yo seré incapaz de dar un paso –le hizo notar–. ¿Me harás entonces el favor de cortarme el cuello?

Era como una temblorosa línea oscura, o dientes de sierra que se recortasen contra un cielo de un azul casi blanco, y a medida que se aproximaban advirtieron que no se trataba de un nuevo accidente del terreno, sino que al fin habían llegado a un lugar habitado: el primero que veían desde que abandonaran su aldea en las montañas.

El hambre, la sed, el sol y la fatiga les vencían, pero el hecho de distinguir seres humanos les inyectó nuevos bríos, por lo que una vez más los mayores cargaron sobre los hombros a los más pequeños en un último esfuerzo por alcanzar una salvación que tenían casi al alcance de la mano.

No se distinguía rastro alguno de los temidos soldados y el lugar parecía tranquilo, pese a lo cual muy pronto resultó evidente que no se trataba de una pacífica aldea de agricultores, sino que se estaban aproximando a un gigantesco campamento de agresivos pastores sudaneses.

La atribulada *señorita* Margaret hizo de tripas corazón, intentando convencerse a sí misma de que por muy sudaneses que fueran y por mucho que aborrecieran a los etíopes, se trataba de seres humanos que acabarían por apiadarse de un grupo de niños que llevaban semanas vagando por montañas y desiertos.

–¡Vamos, vamos...! –animaba a quienes se quedaban rezagados–. ¡Ya falta muy poco!

Aceleraron aún más el paso, tropezando y cayendo, y faltaba en verdad «muy poco» para alcanzar las primeras tiendas de campaña cuando comenzaron a escuchar los llantos de los niños y a distinguir los rostros de los hombres y mujeres que allí se amontonaban, aunque más que auténticos hombres y mujeres cabría considerarles cadáveres ambulantes, puesto que no eran ya más que cuarteados pedazos de negra y remendada piel cubriendo maltrechos esqueletos cuyas cuencas aparecían ocupadas por inmensos ojos a punto de salírseles de las órbitas.

La mayoría ni tan siquiera tenía fuerza para moverse, tan secos y famélicos que cuatro juntos no pesarían lo que le hubiera correspondido pesar a una sola persona de su estatura.

A los horrorizados recién llegados les asaltó la sensación de haber penetrado por error en el recinto de un monstruoso camposanto en el que se hubiera dado permiso a los difuntos para abandonar de momento sus tumbas, y si no era en verdad así, se debía más que nada al hecho de que muchos de aquellos infelices agonizaban y resultaba evidente que un muerto jamás podría agonizar por segunda vez.

Menelik Kaleb y Bruno Grissi, que parecían convencidos de haberlo visto todo tras haber sido testigos de la masacre que acabó con su aldea, intercambiaron una larga mirada de desconcierto, como tratando de convencerse el uno al otro de que lo que estaban viendo no era una pesadilla, mientras que algunos de los niños más pequeños unieron sus llantos a los miles de llantos infantiles que surgían de todos los rincones, porque el terrible aspecto de aquellos moribundos les imponía aún más terror que las mismísimas hienas rondando en las tinieblas.

–¡Cielo Santo! ¿Qué es esto?

–Un campamento de refugiados, señora –fue la respuesta del agotado doctor al que la *señorita* Margaret acudió a pedir ayuda en cuanto descubrió la bandera de la Unicef ondeando sobre la mayor de las tiendas de campaña–. Somalíes, etíopes, sudaneses y ruandeses que huyen de las guerras, la sequía y las hambrunas, y que han llegado hasta aquí en un desesperado intento por cruzar Kenia –agitó la cabeza con pesimismo–. Pero Kenia ya no acepta más refugiados.

–¿Por qué?

–¡Porque son miles, señora! Y si me apura diría que millones, ahora que los tutsis y los hutus han empezado a masacrarse nuevamente –lanzó un incomprensible reniego–. Aunque lo cierto es que la mayoría no conseguirían sobrevivir ni aunque atravesasen las fronteras del Edén –señaló a un hombre muy alto que aparecía tumbado en un camastro, y que pese a su estatura no pesaría más allá de treinta kilos–. ¡Mírelo! –pidió–. No tengo con qué alimentarlo, pero si lo tuviera tampoco conseguiría salvarlo. ¿Qué importa entonces que se muera aquí o al otro lado de la frontera? El hambre, la disentería, la tisis, la lepra, y ahora ese maldito sida se los llevan como briznas de paja arrastrada por el viento.

–¿Qué es el sida?

El médico, un holandés barbudo y harapiento que tenía todo el aspecto de no haber tenido tiempo de comer, bañarse o conciliar el sueño en meses, la observó con sus cansados ojos enrojecidos por la fatiga e inquirió desconcertado:

–¿De dónde sale usted?

–De una aldea de las montañas de Etiopía.

–¿Y cuánto tiempo lleva allí?

–Cuarenta años.

Si no hubiera estado tan agotado, tal vez el mugriento holandés habría sonreído, pero todo lo que consiguió fue perfilar una mueca al comentar:

–Ahora lo entiendo.

–¿Me explicará entonces lo de esa enfermedad?

–Me encantaría, señora– fue la fatigosa respuesta–. Pero ni yo mismo lo tengo muy claro. –Se encogió de hombros–. Lo único que puedo decirle es que como siga extendiéndose, pronto este hermoso continente no será más que un inmenso hospital. –La observó de arriba abajo, como si la viera por primera vez–. Y ahora dígame en que puedo ayudarla.

La *señorita* Margaret señaló hacia la *señorita* Abiba, el grupo de niños, y las dos escuálidas cabras que aguardaban en la amplia explanada.

–Arrasaron su aldea matando a todos sus familiares y pretendo llevarlos a un lugar en que estén a salvo.

El otro observó uno por uno a los chiquillos, aspiró con ansia de su curva cachimba pese a que resultaba evidente que se encontraba vacía y lo único que tragaba era aire con un ligero sabor a tabaco, y por último replicó desabridamente:

–Conseguiré que usted y los tres blancos pasen a Kenia y se ocupen de repatriarlos –abrió las manos en un claro gesto de pesar–. Desgraciadamente, por los demás no se puede hacer nada.

–¿Por qué?

–Porque las autoridades se muestran muy estrictas en lo que se refiere a los niños –replicó con acritud–. Han llegado a la conclusión de que la falta de alimentos les ha afectado el cerebro, y en su mayoría son ya retrasados mentales sin recuperación posible. –Su tono se hizo casi patético–. «Poco más que plantas», aseguran, y por lo tanto es preferible dejar que se extingan y tratar de salvar a la siguiente generación.

–Los míos están sanos– le hizo notar la *señorita* Margaret.

–Lo supongo, pero no creo que en la frontera encuentre a un solo funcionario dispuesto a determinar qué niños tienen derecho a vivir y cuáles no –le hizo notar el fatigado doctor sin inmutarse–. Sus órdenes son muy estrictas, y no se jugarán el puesto estúpidamente.

–¿Cómo puede ayudarnos entonces? –quiso saber ella–. Mi intención era llegar al mar y que algún barco nos recogiera.

–¿Para dirigirse adónde?

–No lo sé. Tal vez a Europa.

–En ningún país europeo aceptan negros, señora,

–le hizo notar el otro–. Se esconden en las bodegas de los cargueros, pero en cuanto llegan a puerto los deportan. Y en cierto modo no les falta razón, puesto que saben que uno de cada cuarenta es portador del sida. –Volvió a aspirar el aire de su cachimba y añadió pesimista–: ¡Olvídese del mar! Mande a los blancos a Kenia y búsqueles un nuevo hogar a los otros, aquí, en África. –Chasqueó la lengua en un gesto de fastidio–. El resto del mundo no los quiere.

–¿En qué parte de África?

–No tengo ni la menor idea –fue la honrada respuesta–. Pero tiene que ser lejos de esta región, donde todo son odios, guerras, enfermedad, sequías y hambrunas.

La *señorita* Margaret no supo qué responder, y durante unos larguísimos minutos permaneció como ausente, agobiada por el hecho de que la realidad resultaba muchísimo más amarga de cuanto había imaginado, y todas sus esperanzas de salvación se diluían.

Otra mujer cualquiera hubiese roto a llorar de impotencia, pero la *señorita* Margaret había llegado tiempo atrás a la conclusión de que las lágrimas no salvarían a «sus niños», y acabó por musitar con un hilo de voz:

–Tendré que pensarlo.

El holandés posó su gigantesca y sucia manaza sobre el antebrazo de la maestra al tiempo que con un ademán de la cabeza señalaba hacia afuera.

–¡No lo piense! –exclamó–. No tiene tiempo. Sus chicos están agotados pero aún se mantienen en pie. –Señaló al hombre que agonizaba en el camastro–.

Y observe a los que están aquí. Ya no les queda la más mínima esperanza porque hace semanas que no recibimos provisiones. Necesitaríamos trece mil millones de dólares anuales para paliar el hambre de esta gente pero no tenemos de dónde sacarlos. Es más, le confesaré que únicamente siete de cada cien dólares que conseguimos llega hasta aquí. El resto lo roban por el camino políticos corruptos y funcionarios desalmados. –Lanzó un nuevo reniego en holandés–. ¡Dios...! A veces tengo la impresión de que esto no es un campamento de refugiados, sino más bien un campo de exterminio.

–¡Pero necesitamos descansar! –protestó ella.

–Aquí no hay más descanso que el eterno– fue la cruel respuesta–. ¡Márchese! –insistió amenazándola con el dedo–. Si no lo hace, me veré obligado a echarla por su propio bien.

–¿Y hacia dónde nos dirigiremos?

–Al noroeste, supongo. Con la guerra de Ruanda las autoridades del Zaire estarán muy alertas. Quizá lo más seguro sería la República Centroafricana. Su frontera con Sudán no está excesivamente vigilada, y con un poco de suerte podrán cruzarla.

–¿Y una vez allí?

–Sobrevivirán. –El delegado de Unicef se encogió de hombros al tiempo que, cansado de chupar aire, dejaba sobre la mesa la inútil cachimba–. Por difícil que se presente su destino siempre será mejor que el que les aguarda aquí. –Alzó la mano al tiempo que señalaba al hombre del camastro–. Guarde silencio –pidió–. Está a punto de morir y lo menos que podemos hacer es respetar su agonía.

Se quedaron muy quietos observando como aquel despojo humano hacía desesperados esfuerzos por respirar mientras les observaba a su vez con unos ojos que parecían más grandes que todo su cuerpo, y tras un largo estertor seguido de un leve estremecimiento, se quedó muy quieto, mientras la máscara de dolor que había sido su rostro hasta ese instante se distendía en lo que pareció una sonrisa de paz y agradecimiento.

El holandés fue a buscar una sucia lona y cubrió con ella el cadáver, sobre el que trazó la señal de la cruz al tiempo que comentaba:

–Para la inmensa mayoría de los africanos ya sólo existen dos momentos felices: el de nacer, y el de morir.

–¿Y hasta cuándo va a ser así?

–Me temo que hasta siempre. Calculamos que la población del continente se triplicará en menos de cuarenta años, mientras que cada diez años los africanos son un veinte por ciento más pobres. –Lanzó un resoplido–. Como puede ver, las cifras no son en absoluto esperanzadoras, sino más bien todo lo contrario.

A la caída de la tarde la *señorita* Margaret condujo a los niños al pie de un baobab que se alzaba a unos trescientos metros de distancia de las últimas tiendas del campamento y, tras observarlos uno por uno, les contó con todo lujo de detalles y sin omitir ningún dato importante, su conversación con el holandés.

Al concluir guardó silencio unos instantes, lanzó un hondo suspiro y comentó:

–Creo que tiene razón y lo mejor que podemos hacer es marcharnos.

–Pero yo no pienso ir a Kenia –puntualizó de inmediato Bruno Grissi–. No conozco a nadie en Kenia.

–Escucha –replicó con firmeza su maestra–. Ya supongo que no conoces a nadie en Kenia, pero vuestros padres eran italianos y el consulado de Italia en Nairobi se encargará de buscar a vuestra familia. –Hizo un gesto con las manos que en realidad no significaba nada–. ¡Algún pariente tendréis, digo yo!

–Jamás nos hablaron de ellos –fue la rápida respuesta–. Mi padre contaba que se crió en Parma pero ni siquiera era de allí. –Alzó las cejas como en un cómico interrogatorio–. ¿Cuántos Grissi puede haber en Italia? –inquirió–. ¿Y cuál de ellos estaría dispuesto a cargar con tres niños semisalvajes? –Se diría que estaba a punto de echarse a llorar–. Ésta es ahora nuestra familia. Perdimos una y no puede obligarnos a perder otra.

–¡Pero es que no sabemos cuál es nuestro destino...! –le hizo notar la *señorita* Margaret.

–Nosotros tampoco. –Bruno observó a sus hermanos como pidiendo que le respaldaran–. Y preferimos seguir con vosotros. Si fuéramos a Italia acabaríamos en un orfelinato –concluyó.

La *señorita* Margaret observó los rostros de Mario y Carla Grissi y pareció leer en sus ojos la misma determinación y el mismo miedo, por lo que señaló sin comprometerse:

–¡Está bien! –masculló–. Lo pensaré esta noche y mañana tomaré una decisión.

Durmieron formando un círculo para dejar en su interior las cabras, puesto que aunque la mayoría de los refugiados parecían incapaces de dar un paso, habían advertido la insistencia con que algunas madres dirigían sus miradas a las tristes ubres del único animal que aún parecía capaz de proporcionar unas gotas de leche.

Esa leche podría prolongar la vida de un niño hasta la llegada de un nuevo convoy de alimentos, y pese a que resultaba evidente que ni un millar de cabras bien cebadas bastarían para salvar a aquellas esqueléticas criaturas, sabido es que el amor de una madre no atiende a razones, por lo que cada hora que consiguiesen prolongar la vida de sus hijos significaba una hora más de esperanza.

Encendieron una gran hoguera y los tres chicos mayores se pasearon arriba y abajo mostrando ostensiblemente la escopeta para que nadie cayese en la tentación de asaltarles.

Nadie les asaltó, pero al amanecer descubrieron a una mujeruca sentada sobre una piedra con un lloriqueante bebé entre los brazos.

Hablaba un idioma extraño que nada tenía que ver con el amárigo de los etíopes y que probablemente fuera somalí, o alguno de los innumerables dialectos sudaneses, pero no había que esforzarse en absoluto para comprender que lo que pedía era leche para su pequeño.

La *señorita* Margaret observó el gimiente montón de huesos que por algún extraño milagro aún conservaba un hálito de vida, y su vista se posó más tarde en los fláccidos pechos de su madre, que eran como dos odres de los que toda savia vital hubiese escapado tiempo atrás.

Evocó los hermosos pechos de las matronas de la aldea, que habían sido siempre fuentes de leche capaces de alimentar a sus mocosos hasta que cumplían los tres años, y se preguntó cómo era posible que aquel continente antaño exuberante se estuviese encaminando hacia un final tan espantoso.

Comprendió la inutilidad de entregarle a aquella infeliz la poca leche que quedaba y que tanta falta le estaba haciendo a los más pequeños, pero comprendió también que si no se la daba pasaría el resto de su vida arrepintiéndose por haberle negado a un niño, aunque se tratase prácticamente de un cadáver, su postrera esperanza de sobrevivir.

–Ordeña la cabra –ordenó a Zeudí, y ante el ademán de protesta de Ajím Bikila añadió secamente–: Al fin y al cabo no hay suficiente para todos.

Era en verdad apenas un cuenco de un líquido aguado con el que la criatura se atragantó una docena de veces, y resultó evidente que obligársela a beber era tanto como derramarla sobre la pedregosa llanura, pero aun así se sintieron aliviados cuando la mujer besó con lágrimas en los ojos la mano de la *señorita* Margaret para alejarse al campamento como si fuera oro lo que llevaba en brazos.

–¡Que Dios la proteja! –musitó la *señorita* Abiba–. ¡Que Dios nos proteja a todos!

Se disponían a reanudar la marcha cuando advirtieron que el holandés llegaba agitando los brazos y con una alegre sonrisa en su rostro barbudo y macilento.

–¡Tengo buenas noticias! –exclamó jadeante al detenerse–. Un camión regresa al norte, y el dueño está dispuesto a llevarles hasta la frontera con la República Centroafricana por muy poco dinero.

–No tenemos dinero –replicó en el acto Menelik Kaleb.

–¿Nada?

La *señorita* Margaret negó con un gesto con el que parecía querer indicar que podían registrarla.

–Lo que no se llevaron los soldados se quemó –dijo.

–¡Mierda! –no pudo evitar exclamar el otro decepcionado–. Conozco a Mubarak y no les llevará gratis. ¿No tienen algo de valor con que pagarle...?

–Yo tengo estos pendientes –ofreció de inmediato la *señorita* Abiba llevándose la mano al lóbulo de una oreja–. Son de oro.

No era mucho lo que consiguieron reunir entre todos, y al observar lo menguado del botín, el buen hombre se despojó del pesado reloj que lucía en la muñeca.

–¡Qué carajo! –exclamó–. Aquí nunca miro la hora. Espero que se conforme.

Echó a correr de regreso al campamento y, tras una larga discusión con un seboso sudanés al que aquel conjunto de baratijas no parecían convencer, le firmó un vale por mil libras a cobrar en un lejano futuro, por lo que regresaron en un desvencijado camión hasta donde aguardaba el grupo.

Ninguno de los chicos se había subido jamás a un vehículo mecánico, y aquél era el primero que veían de cerca, por lo que cuando treparon a él lo hicieron con una curiosa mezcla de excitación y miedo, casi asombrados por el hecho de que un rugiente montón de chatarra fuese capaz de moverse por sí solo.

En el momento en que Bruno, Mario y Carla Grissi hicieron ademán de encaramarse, el holandés los detuvo con un gesto y se volvió a la maestra.

–Habíamos quedado en que sería mejor que se fueran a Kenia.

La *señorita* Margaret negó con un casi imperceptible ademán de la cabeza.

–En estos momentos nadie puede saber qué es lo mejor –dijo–, y prefieren venir.

–Asume una gran responsabilidad– le hizo notar su interlocutor.

–Ya la he asumido –fue la respuesta–. Y no veo por qué tendría que hacer distinciones entre blancos y negros.

–Lo quiera o no, en África los blancos siempre serán blancos, y los negros, negros –puntualizó el buen hombre en tono fatalista–. Usted ha vivido demasiado tiempo aislada y entiendo que le cueste aceptarlo, pero serán los propios indígenas los primeros en recordárselo. –Extendió la mano y apretó la de ella con afecto–. De todas formas le deseo mucha suerte. Va a necesitarla.

La *señorita* Margaret sonrió abiertamente al tiempo que le guiñaba un ojo.

–No se preocupe –dijo–. Toda la ración de buena suerte que debían proporcionarme al nacer permanece intacta y ha llegado el momento de utilizarla.

–Es usted una mujer de mucho coraje.

–Cuando eres soltera y de repente te conviertes

en madre de un montón de niños, el coraje es como la lavativa al estreñido: lo único que de veras lo alivia. –Agradeció con un gesto que le ayudara a subir a la cabina del camión junto a la *señorita* Abiba y el conductor y añadió–: Y gracias por todo.

–Ha sido un placer.

Cerró la portezuela y se dirigió al gordo, que había puesto ya el motor en marcha.

–Conduce con cuidado –pidió.

El sucio sudanés, que se cubría hasta los ojos con un turbante que años atrás debió de ser blanco, lanzó un leve gruñido de asentimiento.

–Si no condujera con cuidado por esos caminos del demonio, éste trasto se desintegraría...

Tenía razón el gordo, que respondía al sonoro nombre de Mubarak Mubara, puesto que lo que él denominaba «camino» no eran más que un conjunto de profundas rodadas de otros vehículos, que se habían ido abriendo paso por entre rocas, arbustos y matojos de una forma en apariencia tan caprichosa que, con frecuencia, para llegar de un punto a otro recorrían más del doble de la distancia que se podía medir en línea recta.

–¿Por qué hace eso? –quiso saber al cabo de dos horas de insoportable traqueteo la maltratada maestra–. Parecemos borrachos.

–Es por las lajas, miss –fue la seca respuesta.

–¿Las lajas? ¿Qué lajas?

–Las que se ocultan bajo tierra– señaló el otro–. Por culpa de la guerra no podemos viajar por las pistas de siempre, y este terreno está plagado de lajas de piedra que rajan los neumáticos como si se tratara de cuchillos. –Negó una y otra vez con la cabeza–. Y se pierde más tiempo cambiando las ruedas y poniendo parches que dando rodeos para evitarlas.

Como si sus palabras hubieran sido premonitorias o «los demonios del camino» quisieran darle la razón, a los pocos minutos se escuchó un sonoro estampido, el vehículo dio un bandazo, y Mubarak Mubara lo detuvo al tiempo que lanzaba una larga retahíla de denuestos.

–¡Ya empezamos! –concluyó al tiempo que saltaba al suelo.

Los niños aprovecharon para hacer sus necesidades y las cabras para triscar un poco de la rala hierba de los alrededores, y a decir verdad se agradecía el descanso, aunque los chicos mayores sudaron a chorros ayudando al gordo a alzar el pesado camión y colocar el gato hidráulico sobre una enorme piedra mientras se cambiaba la rueda.

Más tarde Mubarak Mubara se sentó tranquilamente a ponerle un parche al neumático averiado, aguardó a que se secara, lo llenó de aire con una vieja bomba que se salía por todas partes y como colofón a sus esfuerzos se quedó profundamente dormido.

El sol estaba muy alto, el calor iba en aumento, y la mayoría de los niños le imitaron.

La *señorita* Margaret se alejó un centenar de metros, orinó entre unos arbustos, y se sentó luego a observar el curioso aspecto que ofrecía el herrumbroso vehículo calcinado por el sol en mitad de la llanura.

Su vista recayó en la rubia melena de Carla Grissi, que dormía con la cabeza apoyada en el oscuro regazo de Zeudí, y por primera vez se planteó seriamente si había hecho bien al permitir que tanto ella como sus hermanos les acompañaran.

El resto de los muchachos eran nativos, negros en un mundo de negros al que mal que bien podrían adaptarse por muy lejos que estuvieran de su lugar de nacimiento, pero sin la protección de unos padres que de algún modo les mantuviesen en contacto con su auténtica cultura, Bruno, Carla y Mario Grissi serían siempre extranjeros, por muy africanos que pudieran considerarse.

Lo sabía por experiencia.

Había pasado casi cuarenta años en África, todos sus amigos eran africanos y hablaba el amárigo mejor que la mayoría de los etíopes, pero aun así, cuando llegaba a un lugar en que las nativas charlaban entre sí, se hacía un incómodo silencio, como si aquellas muchachas a las que había enseñado todo cuanto sabían continuaran considerándola en cierto modo extraña; una incomprensible «blanca» a la que no podía hacerse partícipe de secretos que no obstante compartían con amigas ocasionales.

Después de tanto tiempo y tan amargas decepciones, la *señorita* Margaret había llegado al convencimiento de que el racismo no respondía –como su padre aseguraba– a una absurda necesidad de sentirse superiores por parte de unos seres humanos en relación a otros, sino que se trataba en realidad de una auténtica «diferenciación» que debía encontrarse impresa en los genes del feto.

Aún recordaba los lejanos tiempos en los que el que más tarde llegaría a ser el padre de la sin par «Reina Belkiss», acudía a rondar su porche durante las cálidas noches de luna llena, y aún recordaba la forma en que las muchachas de la aldea le miraban de reojo como si la remotísima posibilidad de que pudiera «arrebatarles» a un galán que en buena lógica tan sólo llegaría a pertenecer a una de ellas, constituyese una inaceptable afrenta para todas.

Aquel pobre muchacho no era particularmente guapo, ni rico, ni importante, por lo que a decir verdad no constituía un «partido» demasiado apetecible para la mayoría de las mozas casaderas, pero el simple hecho de que se interesaba por la pálida hija del reverendo Mortimer lo convertía en una especie de «posesión comunal» que nadie deseaba para sí, pero que tampoco se sentían dispuestas a ceder.

–Vuelve a Europa y búscate un marido blanco –le aconsejaba siempre su padre–. De lo contrario lo lamentarás hasta tu muerte, pues no existe mayor infelicidad que la de ver sufrir a los hijos. Y tus hijos, si es que los llegas a tener con un nativo, siempre serán desgraciados.

El reverendo Mortimer era un hombre de Dios que, sin embargo, sabía mucho sobre la especie humana, tanto que quizás por ello decidió confinarse en uno de los más remotos rincones del planeta, en un vano intento por alcanzar un mejor conocimiento del Creador a través de sus criaturas en estado más puro, aunque a la única conclusión válida a la que llegó fue que si Dios había hecho a los hombres a su imagen y semejanza, el cielo debería estar plagado de mezquinos diosecillos muy diferentes entre sí, y que la mayor parte de ellos deberían ser, además, unos temibles hijos de la gran puta.

–Básicamente –solía decirle a su hija durante las largas charlas que mantenían al atardecer en el porche de su cabaña–, las pasiones humanas suelen ser idénticas, bien se trate de un cobrador de autobuses de Manchester o de un pastor de cabras de Eritrea, puesto que por desgracia la pureza de sangre no garantiza en absoluto la pureza de espíritu.

Durante los últimos años de su vida, el reverendo Mortimer había perdido no sólo la mayor parte del empuje que le lanzó a la aventura equinoccial, sino incluso gran parte de aquella ciega fe que parecía incendiar su alma como se incendiara la zarza en el Sinaí.

–He llegado a la conclusión de que la zarza que vio arder Moisés en el desierto no era tal zarza, sino un pequeño pozo de petróleo -señaló en otra ocasión con notable desparpajo–. Los antiguos nómadas de Irán acostumbraban a calentarse con esos fuegos.

–Suena a blasfemia –le había hecho notar su hija–. El milagro de la zarza ardiente está en la Biblia.

–La vida me ha enseñado que «milagro» es todo aquello que no conseguimos explicarnos porque no está en consonancia con el tiempo o el lugar que le corresponde –fue la respuesta–. Moisés no conocía la naturaleza del petróleo y por lo tanto para él aquella zarza ardiendo era un «milagro», aunque el auténtico milagro estriba en que el Señor fuera capaz de crear el petróleo.

Con demasiada frecuencia la *señorita* Margaret no captaba el sentido de las divagaciones de su padre, en especial cuando le hablaba de una Europa a la que parecía irse apegando más y más a medida que aumentaba el número de años que permanecía lejos de ella, puesto que le ocurría lo que a la mayoría de los ancianos, que tanto más vuelven a su infancia cuanto más tiempo les separa de ella.

Sus últimos días habían discurrido en una continua evocación de su pasado, y en un insistente preguntar por la fecha en que una esposa que le había abandonado treinta y cuatro años atrás tenía pensado regresar para reanudar su vida en común como si nada hubiera ocurrido.

Fue quizá la única época de su existencia en la que la *señorita* Margaret hubiera dado algo por saber quién había sido en realidad su madre, dónde se encontraría en aquellos momentos y, por qué razón decidió abandonarla cuando ella estaba aún en la cuna.

Y fue también la única en la que se preguntó qué parte de los sentimientos de su madre anidaban en su corazón o corrían por sus venas.

Cuando al fin el reverendo Mortimer pasó a ocupar una discreta tumba oculta en un minúsculo bosquecillo de eucaliptus, la *señorita* Margaret llegó a la conclusión de que lo mejor que podía hacer era romper con su pasado y dedicar el resto de su vida a unos niños que le proporcionaban todas las alegrías que jamás le habían proporcionado los mayores.

Y ahora, parte de esos niños estaban allí, dormitando a la sombra de un camión detenido en mitad de una de las regiones más inhóspitas del planeta, sin más futuro que el que ella supiera proporcionarles, ni más esperanzas que las que ella les inculcara.

Cuando las pesadas horas del mediodía quedaron atrás, una leve brisa corrió libremente por la llanura, con lo que una solitaria acacia silbadora que se encontraba a sus espaldas comenzó a emitir su lúgubre canción de protesta.

Aquella curiosa planta, que aun perteneciendo realmente a la familia de las acacias, jamás superaba el metro y medio de altura y presentaba más bien el aspecto de un sencillo arbusto espinoso, conseguía evitar el continuo ramoneo de los animales por el curioso sistema de producir una especie de bulbos o «agallas» que servían de cómodo habitáculo a miríadas de hormigas.

Cuando una cabra, una gacela o un dromedario intentaban devorar los tallos tiernos de la planta, las agradecidas hormigas acudían en tropel a introducirse en el hocico del agresor, en lo que constituía una de las más curiosas asociaciones entre plantas y animales de todo el continente.

Como singular contrapartida, las cavidades que las hormigas practicaban en los bulbos tenían la particularidad de convertirse en diminutos silbatos naturales, y así, en cuanto soplaba la más mínima racha de viento, la acacia silbadora iniciaba una triste y monótona melodía que podía llegar a prolongarse por días y semanas, y que atraía a ciertas aves que se alimentaban de esas hormigas.

Como si aquel curioso canto fuese desde antiguo

el despertador que le avisaba del momento en que debía reanudar la marcha, Mubarak Mubara abrió los ojos, lanzó un sonoro bostezo, se acomodó el sucio turbante que le colgaba sobre una oreja, dirigió una turbia mirada al hermoso trasero de la *señorita* Abiba, e hizo sonar el claxon para que sus pasajeros se encaramaran lo más rápidamente posible a la cabina.

–¡En marcha! –gritó–. El camino es muy largo y la vida muy corta.

A la caída de la tarde, el gordo Mubarak Mubara comenzó a otear el horizonte hasta que descubrió un bosquecillo formado por media docena de copudos arbustos, hacia los que se dirigió deteniendo el vehículo entre ellos.

–Éste es un buen lugar para pasar la noche –dijo.

A continuación sacó de una caja una serie de cazuelitas de metal y, armado de un afilado cuchillo, trazó profundos surcos en los rugosos troncos, de tal forma que a los pocos instantes una savia espesa y pegajosa comenzó a fluir muy lentamente hacia las cazuelas que había clavado al final de cada hendidura.

–¿Qué es eso? –quisieron saber de inmediato los niños que le habían estado observando con suma atención.

–Goma arábiga –fue la respuesta–. Estos arbustos salvajes producen la mejor goma del mundo, y en Jartum la pagan a muy, muy buen precio. –Les guiñó un ojo con picardía–. La vida de un camionero es muy dura, y donde quiera que se esconda una libra hay que saber buscarla.

Se retiró luego a un extremo del bosquecillo a atiborrarse de las «exquisiteces» que guardaba en una enorme caja metálica cerrada con un herrumbroso candado, y ni aun por asomo se le ocurrió invitar a nadie, pese a que resultaba evidente que los niños apenas habían probado bocado en todo el día.

Cuando al fin se dio por satisfecho, extrajo de debajo de su asiento un moderno rifle dotado de una larga mira telescópica y, haciendo un imperceptible gesto de despedida con la mano, extendió un pringoso colchón en la parte alta del vehículo y comenzó a roncar sonoramente.

El rencoroso Askia comentó en voz baja que tenía la intención de mearse en las cazuelas como represalia contra un desaprensivo que no dudaba en devorar cuando un puñado de chiquillos no podían hacerlo, pero la *señorita* Margaret le disuadió haciéndole comprender que sería injusto pretender que, por lo que le había pagado, aquel hombre no sólo les transportara, sino que incluso tuviera que compartir con ellos sus alimentos.

–Este lugar no es como nuestro valle –le hizo notar–. Aquí la comida es un bien escaso, incluso para el dueño de un camión. Es muy probable que haya traído las provisiones justas para regresar a su casa, y por lo tanto no está en disposición de compartirlas o se arriesgaría a morir de hambre por el camino.

–¿Y nosotros...? ¿Nos moriremos de hambre? –quiso saber Ifat, un chicuelo que tenía fama de ser el más rebelde de la clase y aun de la aldea, pero al que se le diría sumido en una profunda depresión de la que resultaba imposible rescatarle.

–Espero que no –fue la tranquilizadora respuesta–. Estoy convencida de que si tenemos fe, el Señor nos echará una mano.

–¿Como a los refugiados del campamento? –inquirió el otro con marcada intención–. ¿Por qué habría de ayudarnos a nosotros si no les ayuda a ellos?

–Tal vez porque nosotros creemos más en él –susurró la *señorita* Margaret–. Por el momento, ellos siguen allí y nosotros hemos tenido la suerte de que nos lleven hacia el norte. Cuando crucemos la frontera habremos dejado atrás esta tierra inhóspita y encontraremos lugares que se parecen a Etiopía, con bosques y praderas por los que corren toda clase de animales...

–¿Y cuándo cruzaremos la frontera?

–Muy pronto, supongo. –La maestra hizo un esfuerzo por animarles–. Mubarak asegura que en cuanto lleguemos a las orillas del Nilo ya no habrá lajas de piedra y la pista se hará mucho más practicable. –Atrajo hacia sí a la «Reina Belkiss» para que se recostara sobre su regazo–. Avanzaremos a toda velocidad y en un par de días llegaremos a las grandes praderas y a los bosques.

Quisieron creerla, puesto que ninguna otra cosa mejor podían hacer que alimentar la esperanza de que muy pronto abandonarían aquella desolada planicie pedregosa que más que un paisaje africano parecía el vertedero en el que Dios decidió arrojar los materiales de desecho que le quedaron tras la creación del continente.

Nada había allí más que piedras, espinas, y una tierra gris y polvorienta que se fijaba en la garganta, obligando a carraspear continuamente, todo ello a unas temperaturas que solían rondar los cincuenta grados centígrados, puesto que colindando con el inmenso Sáhara, y aislada de la beneficiosa influencia del océano por el alto macizo abisinio, la gran depresión sudanesa tenía fama de ser en ciertas épocas del año muchísimo más calurosa aún que el mismísimo desierto.

Era aquél un lugar olvidado de Dios y por el que nadie parecía sentir interés alguno; una de esas regiones del planeta sin razón de existir, y en la que únicamente serpientes, escorpiones y lagartos parecían tener una mínima esperanza de sobrevivir.

Pese a que no se advertía un solo accidente en cuanto alcanzaba la vista, no corría ahora ni una gota de viento, por lo que aquella primera noche resultó agobiante y silenciosa, como si el vacío del lugar alejase los peculiares rumores de las noches africanas, lo que contribuyó a desasosegar aún más el ánimo de los pequeños, si es que ello resultaba de algún modo posible.

El alba trajo no obstante una hermosísima sorpresa, puesto que cuando aún las luces no conseguían despegarse por completo de su carga de sombras, el somnoliento Ajím Bikila, que ese día montaba la última guardia, advirtió, incrédulo, que una imprecisa forma se movía a poco más de cien metros de distancia.

Empuñó con fuerza su arma temiendo que pudiera tratarse de una fiera que merodeaba a la espera de caer sobre una de las cabras, o incluso sobre un niño, pero al poco advirtió que se trataba de un solitario macho de órice de pelaje muy claro y largos cuernos en forma de cimitarra.

El corazón le dio un vuelco.

El animal tendría la envergadura de un asno pequeño y aparecía totalmente ensimismado en la tarea de ramonear una mancha de hierba cubierta de rocío, por lo que al pobre Ajím se le aguó la boca al calcular la ingente cantidad de carne fresca que podría obtenerse de semejante bestia.

Llegó no obstante a la lógica conclusión de que poco daño podría causarle con su vieja escopeta de cartuchos, por lo que, dejándola a un lado, se arrastró sigilosamente hasta el camión para trepar a su parte posterior por un punto en que el animal no podía verle.

Colocó una mano sobre la boca del resoplante Mubarak Mubara, y cuando éste abrió los ojos aterrorizado, le hizo señas para que guardara silencio.

Luego le indicó que atisbara hacia afuera.

El gordo obedeció y sin poder evitarlo hizo que su lengua girase claramente en torno a sus labios.

Sin emitir el más mínimo rumor ni hacer un solo movimiento brusco, tomó su potente rifle, lo montó, y apoyándolo en el borde de la carrocería, ajustó la mira telescópica y pasó más de un minuto apuntando hasta tener la absoluta seguridad de que no erraría el disparo.

Ajím temblaba de excitación.

Cuando Mubarak Mubara apretó el gatillo, los niños dieron un salto y algunos gritaron atemorizados, pero su expresión cambió en cuanto advirtieron cómo Ajím corría con un afilado machete en la mano, para llegar junto al órice, girarle la cabeza en dirección a la Meca y degollarle pronunciando las palabras rituales.

Nadie podría asegurar si el animal aún respiraba en el momento en que se llevó a cabo la ceremonia, pero tampoco nadie se preocupó en exceso por tal detalle, puesto que lo que en verdad importaba era el hecho de que allí habían caído más de sesenta kilos de carne aprovechable.

Fue un auténtico banquete.

Niños y adultos se concentraron en torno a la hoguera en que la bestia se asaba a fuego lento clavada cuan larga en una estaca, y hubo risas y bromas al escuchar los incontrolables rugidos que emitían la mayoría de los hambrientos estómagos.

Por último, la *señorita* Abiba cortó las porciones, y durante casi media hora no se percibió más rumor que el de las ansiosas mandíbulas.

Al reanudar el viaje todos cantaban.

Y en esta ocasión no cantaban para espantar sus miedos, sino porque aquel hermoso animal, cuya cornamenta Mubarak pensaba «vender a buen precio» en Jartum, había hecho renacer sus esperanzas, ya que la *señorita* Margaret, que todo lo sabía, aseguraba que en su camino hacia la lejana tierra de promisión encontrarían otros muchos órices semejantes que les calmarían el hambre y les levantarían el espíritu.

Sin embargo en los dos días que siguieron no advirtieron ni el más mínimo rastro de ser viviente alguno.

El viaje se fue haciendo cada vez más lento y trabajoso, puesto que se diría que los destrozados neumáticos habían dado ya todo lo que tenían que dar de sí y no soportaban más remiendos, por lo que a cada rato reventaban casi espontáneamente.

Luego, durante las más pesadas horas del tercer día, advirtieron cómo el horizonte comenzaba a oscurecerse, y, a medida que avanzaban, fueron descubriendo que se debía a los cortos vuelos de millones y millones de enormes saltamontes que venían hacia ellos y que muy pronto comenzaron a estrellarse contra el parabrisas o a caer sobre los niños que se encontraban en la parte trasera del camión.

–¡Alá nos proteja! –exclamó con aire casi divertido Mubarak Mubara–. ¡La plaga!

–¿Qué plaga? –quiso saber la *señorita* Abiba.

–La langosta.

–Pero no vuelan como langostas. Sólo saltan.

El gordo, que había detenido el vehículo para atrapar uno de aquellos repelentes insectos que parecían como atontados, se lo mostró al tiempo que replicaba convencido:

–Eso es porque aún no han acabado de evolucionar... –señaló la amplia llanura pedregosa que se extendía a su alrededor–. Anidaron aquí hace ya tiempo, y ahora las crías comienzan a reunirse y a cambiar de aspecto. Dentro de un par de meses podrán hacer largos vuelos y para entonces serán miles de millones que arrasarán los cultivos allí por donde pasen.

La *señorita* Margaret se vio obligada a apartar de un manotazo una de aquellas asquerosas criaturas semialadas que se le había posado en la manga mientras exclamaba:

–¡Son repugnantes!

–Pero muy alimenticias –fue la sencilla respuesta–. Éste es el «maná» que salvó a los judíos cuando vagaban por el desierto. ¡Tenemos cena!

–¿Acaso pretende hacernos creer que se comen? –intervino un incrédulo Bruno Grissi, que había escuchado la conversación desde lo alto del vehículo.

–¡Naturalmente, muchachito! En esta jodida tierra, «de mosquito hacia arriba todo es cacería» –fue la sorprendente respuesta–. Así que todo el que tenga hambre que comience a cazar langostas.

No resultaba en absoluto empresa difícil, puesto que bastaba con agitar un trapo para irlas derribando por docenas, por lo que al cabo de poco más de media hora disponían de un gigantesco montón en el que la mayoría aún se agitaba intentando reiniciar el vuelo.

Mubarak indicó entonces a los muchachos que encendieran un buen fuego y, colocando sobre él una vieja plancha de hierro aguardó a que estuviera casi al rojo para alinear a los repelentes insectos que chirriaban al tostarse.

Cuando al fin decidió que estaban «en su punto», los fue tomando uno por uno para arrancarles de un brusco tirón la cabeza –con lo que les sacaba la mayor parte de las tripas– y metérselos en la boca masticándolos concienzudamente.

–Al principio dan un poco de repelús –puntualizó sonriente.

La *señorita* Margaret se vio en la obligación de dar ejemplo, por lo que acabó por apoderarse de uno de aquellos repugnantes saltamontes para tragárselo de un golpe.

–¿A qué sabe? –inquirió de inmediato la «Reina Belkiss» con una expresión de asco que incluso consiguió afear el perfecto óvalo de su rostro.

–¿A qué diablos quieres que sepa? ¡A maldito saltamontes! –fue la agria respuesta–. Pero alimenta.

Se diría que, pese a su sacrificio, nadie parecía dispuesto a seguir su ejemplo, pero por fortuna allí estaba como siempre la animosa Zeudí, quien tras reflexionar unos instantes comenzó a descabezar insectos para engullirlos uno tras otro como si se tratara de apetitosos dátiles.

–¡Y a mí que me gustan! –exclamó cuando llevaba ya una docena, agitando una y otra vez la cabeza afirmativamente–. Sobre todo los que están más tostaditos. Te dejan un saborcillo amargo...

Lo decía en el tono del *gourmet* que degusta por primera vez un plato exótico, y al comprobar con qué rapidez desaparecía la primera hornada en el interior de aquella boca que semejaba un pozo sin fondo, los más hambrientos dejaron a un lado sus remilgos para lanzarse decididamente al ataque.

Al fin y al cabo eran proteínas y la mayoría de ellos estaban en pleno desarrollo.

Durante los tres días siguientes se vieron en la obligación de almorzar y cenar únicamente langosta asada o harina de langosta en forma de tortitas, hasta que al fin hizo su aparición una gigantesca extensión de agua blanquecina y limosa sobre la que se reflejaba con violencia el sol, y que se perdía de vista hacia el noroeste en lo que cabría considerar un auténtico océano de agua dulce.

–«El Padre Nilo»... –puntualizó con un cierto tono de orgullo Mubarak Mubara.

–¿El Nilo...? –se asombró la *señorita* Abiba–. ¡Más bien parece un lago...!

–Así es –admitió el otro–. En esta zona parece un lago porque el terreno es muy plano y no encuentra márgenes que lo contengan, pero aguas abajo se estrecha hasta convertirse en un auténtico río. –Indicó el horizonte–. Creo que al otro lado empieza la República Centroafricana.

–¿Muy lejos?

El gordinflón se encogió de hombros y resultaba evidente que no tenía el menor interés en comprometerse.

–No lo sé –admitió–. Nunca he estado en la otra orilla.

–¿Por qué?

–Es una tierra hostil.

–¿Más que ésta? –se asombró la *señorita* Margaret.

–Eso dicen... –fue la esquiva respuesta.

Habían llegado al borde del agua, por lo que el sudanés detuvo el motor y saltó a tierra alzando la cabeza hacia los muchachos.

–Podéis bañaros, pero mucho ojo con los cocodrilos –advirtió–. Por lo general prefieren comer pescado, pero puede que haya alguno que no desprecie una pierna de niño tierno.

Sacó luego de una cajita una serie de anzuelos y sedales para que, utilizando como cebo las gruesas lombrices que se escondían en el fango de la orilla, intentaran pescar algo que les permitiera variar su aburrida dieta a base de langosta.

Estaba claro que el sudoroso y grasiento Mubarak Mubara era un hombre perfectamente adaptado al difícil mundo en que le había correspondido vivir y del que sabía sacar todo el provecho posible, lo cual en cierto modo despertaba la admiración de los muchachos que estaban aprendiendo de él trucos y formas de subsistencia que jamás se les hubieran pasado por la mente.

Lo mismo era capaz de desmontar hasta la última pieza del cochambroso motor de su viejo vehículo, como de despellejar con notable habilidad un enorme órice para aprovechar la piel y la cornamenta o encontrar bayas comestibles entre una maraña de zarzas espinosas.

Por todo ello, cuando un par de horas más tarde ocurrió lo que ocurrió, nadie supo reaccionar con la rapidez que exigía la situación, puesto que ni siquiera fueron capaces de dar crédito a cuanto se desarrollaba ante sus ojos.

Los chiquillos habían conseguido pescar una veintena de percas y «tilapias» de mediano tamaño, lo que les proporcionó un magnífico almuerzo acompañado por primera vez en mucho tiempo de agua abundante, y tras la inevitable siesta a la sombra de los arbustos, el gordo le pidió a la *señorita* Abiba que le ayudara a realizar unos ajustes en el motor.

Alzó el capó con ayuda de una llave inglesa y fue apretando y aflojando tornillos mientras le indicaba a la hermosa muchacha que apagara el contacto o acelerara al máximo, en una aburrida operación que ya no despertaba como en un principio la curiosidad de los pequeños, de tal modo que la mayoría continuaron bañándose en las pequeñas charcas que se formaban en las riberas, y a las que resultaba evidente que no podían acceder los cocodrilos sin ser vistos.

Súbitamente, pero con absoluta parsimonia, Mubarak Mubara cerró de nuevo el capó, trepó a la cabina, le rogó a la *señorita* Abiba que descendiese por el otro lado, y en el momento en que ésta se inclinaba para girar la manecilla, la golpeó en la cabeza con la llave inglesa lanzándola violentamente contra el parabrisas. A continuación embragó y emprendió una veloz huida rumbo al norte.

Fue la estruendosa caída de uno de los bidones de gasolina vacíos, que rodó a causa del brusco tirón, el que alertó a Menelik Kaleb, que aún tuvo tiempo de entrever el ensangrentado rostro de la *señorita* Abiba resbalando hasta caer sobre el asiento, y la crispada expresión de su captor que en nada se parecía ahora a la del amable Mubarak Mubara que tan bien creía conocer.

Una espesa nube de polvo le envolvió por completo y, cuando ese polvo comenzó a disiparse, el camión se encontraba ya a más de quinientos metros de distancia y aceleraba cada vez más hasta que a los pocos instantes se perdía de vista tras un inmenso cañaveral que avanzaba como una afilada punta de lanza tierra adentro.

Estupefactos, la *señorita* Margaret y la totalidad de los chiquillos tardaron largos minutos en captar el auténtico significado de lo que acababa de ocurrir, puesto que la magnitud de su tragedia era tal y podía enfocarse desde tantos ángulos que en un principio lo único que consiguió fue confundirles.

En primer lugar les habían arrebatado a un ser muy querido, que formaba una parte importantísima de su singular «familia». En segundo, una persona en la que confiaban les había traicionado de la forma más cruel e ignominiosa, y por último, esa misma persona les había abandonado en mitad de una de las más desoladas regiones del planeta, a orillas de un gigantesco río-mar plagado de bestias sanguinarias.

La mayoría de los niños rompieron a llorar, y hubiera resultado casi imposible discernir por cuál de las muchas razones que tenían para llorar lo hacían, ya que ni siquiera la *señorita* Margaret, que supuestamente era quien mejor debería conocer sus sentimientos, sabía a ciencia cierta si su dolor era más amargo cuando intentaba imaginar el horrible destino de la *señorita* Abiba o el incierto futuro que aguardaba al desolado grupo de criaturas que a partir de aquel momento quedaban a su exclusivo cuidado.

–¡Dios de los Cielos! –gemía una y otra vez derrumbada sobre el fango de la orilla–. ¿Por qué permites que esto ocurra? ¿Por qué?

El resto del día permaneció como anonadada y con el aspecto de quien ha recibido un mazazo en la cabeza que le impide razonar, con la vista clavada en la distancia como si aguardara un milagro y la frágil figura de su hermosa y dulce amiga pudiera hacer de nuevo su aparición al final del camino.

Caía la tarde cuando Menelik Kaleb acudió a tomar asiento a su lado y, tras observarla un rato, inquirió como si en verdad pudiera tener respuesta a sus preguntas.

–¿Por qué ha hecho eso? ¡Parecía un hombre tan bueno...!

–¿Qué puedo decirte? –fue la amarga respuesta de quien sabía que lo ocurrido estaba fuera del alcance del entendimiento de un muchacho tan sensible como aquél–. Tal vez se trate de un violador, o tal vez se la ha llevado para venderla.

–¡Maldito hijo de puta...! –El muchacho extendió la mano en un vano intento de borrar sus palabras–. ¡Perdón! No pretendía molestarla, pero es que no puedo contenerme. ¿Qué es peor: que la viole o que la venda?

–Si la vende, quien quiera que la compre la violará de igual modo –musitó la *señorita* Margaret con un hilo de voz–. Tal vez pretenda explotarla en los burdeles de Jartum, o tal vez se la lleve a Port-Suakin, que es por donde los traficantes suelen pasar los esclavos a Arabia. –Agitó la cabeza como esforzándose por desechar sus pensamientos–. Odio decir esto –añadió–. Pero cualquiera de las dos opciones se me antojan igualmente espantosas.

–¿Y si no la vende?

–En ese caso tal vez la abandone en mitad del desierto cuando se canse de ella. –Le miró a los ojos como si por primera vez hablara con él como con un adulto–. No sé mucho de esto –musitó–. No mucho más que tú, porque allá en la aldea estas cosas jamás ocurrían.

–¿Sigue creyendo que hicimos bien en marcharnos?

La *señorita* Margaret negó con la cabeza como aceptando su responsabilidad sobre cuanto había ocurrido.

–No. No lo creo –replicó con calma–. En aquel momento me pareció que cualquier cosa era mejor que quedarnos a esperar que los soldados nos pasaran a cuchillo, pero fue porque ni por lo más remoto me pasó por la mente que el mundo exterior fuera así.

–¿Y «todo» es así? –aventuró con manifiesta aprehensión el atemorizado muchacho.

–Espero que no –fue la contestación de quien ya no parecía segura de nada–. Si «todo» fuera así, lo mejor que podríamos hacer es tirarnos de cabeza al río –musitó–. Padecer tanto para encontrar en nuestro camino lugares como el campamento de refugiados o tipos como ese canalla, no valdría la pena.

–¿Y qué vamos a hacer ahora?

Le observó de hito en hito como si creyera que se estaba burlando de ella.

–¿Y aún me lo preguntas? –quiso saber–. Hasta el presente lo único que he hecho ha sido cometer errores arrastrándoos por selvas, montañas y desiertos. –Lanzó un hondo suspiro de pesar–. Creo que va siendo hora de que sea otro quien asuma la responsabilidad.

–¿Quién?

–¿Por qué no tú, que eres el mayor?

Menelik Kaleb hizo un claro gesto de rechazo al tiempo que chasqueaba la lengua.

–Usted continúa siendo la más capacitada –le hizo notar–. Y si las cosas no han salido bien no es culpa suya... –le colocó la mano sobre la rodilla con un gesto que tanto podía significar cariño como deseos de tranquilizarla–. Por lo que a mí respecta –añadió–, prefiero haber abandonado la aldea.

–¿Por qué?

–Porque vi el cadáver de mi hermano y me consta que contra esos bárbaros no se puede hacer nada. Aquí sin embargo podemos luchar.

–¿Cómo?

–No lo sé, pero ese cerdo de Mubarak me enseñó algo importante: incluso en esta tierra inhóspita se puede sobrevivir si sabes ingeniártelas. Si se pueden comer saltamontes, hacer funcionar ese montón de chatarra, y sacar dinero de la savia de un arbusto, se puede conseguir cualquier cosa. –Hizo un amplio gesto hacia el inmenso río–. Nuestro principal problema era el agua, y ahora tenemos agua de sobra. Saldremos adelante –concluyó con una envidiable seguridad en lo que decía–. Llegaremos a la República Centroafricana, y si allí no nos quieren seguiremos hasta encontrar un sitio en que quedarnos.

–Tienes madera de líder –señaló ella dulcemente–. Siempre lo supe y es ahora cuando más necesito confirmarlo.

–De lo que tengo madera es de desesperado –puntualizó el chicuelo con un cierto humor–. La vida es lo único que nos han dejado, y por lo que a mí respecta estoy dispuesto a hacer cualquier cosa por conservarla.

El miedo y el valor suelen ser sentimientos contagiosos, y al igual que el pánico puede asentarse en el corazón de una comunidad consiguiendo que se destruya a sí misma, la decisión engendra decisión, y cuando al amanecer del día siguiente Menelik Kaleb gritó que había llegado el momento de ponerse en marcha por muy deprimidos que estuvieran los ánimos, la mayoría de los chicos le siguieron obligando a ponerse en pie a puntapiés a aquellos que alegaban que era preferible quedarse a esperar a que un improbable camión les recogiera.

–¡No hay camión que valga! –fue el seco alegato de Menelik Kaleb–. Hasta el momento no nos hemos tropezado con ninguno, y es más que probable que ningún otro vuelva a pasar en meses. Lo que tenemos que hacer es cruzar el río, y lo cruzaremos.

–¿Cómo?

–Aún no lo sé, pero lo averiguaré.

Lo dijo en el tono de quien abriga el convencimiento de que lo conseguirá cueste lo que cueste, aunque cabría preguntarse de dónde nacía tal seguridad si estaba claro que no existía ni una sola razón que respaldara tal aserto.

Iniciaron la marcha bordeando aquel caldeado mar refulgente por el que descendían enormes masas de nenúfares sobre los que se posaban altas grullas de pico amarillento, y al alcanzar el espeso cañaveral que se adentraba más de cinco kilómetros en la orilla derecha, descubrieron una familia de gigantescos hipopótamos que asomaban apenas los ojos y los hocicos sobre la superficie del agua.

–¿Se comen? –quiso saber Zeudí.

–Es posible –admitió Ajím Bikila–. Pero lo que nos debe preocupar ahora es si «ellos» nos pueden comer a nosotros.

Al mediodía hicieron su aparición tomando el sol sobre la orilla los temidos cocodrilos a los que se había referido el gordo Mubarak, y, aunque dieron un amplio rodeo para evitarlos, resultó evidente que los adormilados saurios no demostraban tener el más mínimo interés en su presencia, limitándose a observarles sin tan siquiera girar la cabeza para seguir sus pasos.

Llegó luego un momento en el que el cañaveral se convirtió en una especie de muro que impedía ver el agua, aunque a decir verdad no se trataba de cañas propiamente dichas, sino de una espesísima masa de altos tallos de papiro coronados por delgados filamentos en forma de abanico que se balanceaban al menor soplo de viento.

Poco más tarde avistaron una alborotadora familia de papiones perrunos, y la *señorita* Margaret opinó que había llegado el momento de emplear un nuevo cartucho, por lo que le dio permiso a Ajím para que intentara abatir al menos un par de ellos de un solo disparo.

Por fortuna se trataba de bestias que raramente debían tener contacto con seres humanos, por lo que no demostraron excesiva hostilidad ni hicieron la menor intención de alejarse cuando el muchacho se aproximó a menos de diez metros de distancia para disparar tranquilamente sobre el grupo más compacto.

La cena fue abundante pero triste, puesto que todos echaban de menos a quien había ejercido la mayoría de las veces como cocinera, y más de uno se preguntó dónde podría estar en aquellos momentos la siempre dulce y cariñosa *señorita* Abiba, si es que aún seguía con vida.

Cuando allá en la aldea los hombres se reunían a charlar en la Casa de la Palabra, se contaban a veces viejas historias de los salvajes tiempos en que los montañeses tenían la costumbre de raptar muchachas que más tarde vendían a los mercaderes de esclavos, pero eso era algo que casi había pasado al olvido desde que el Emperador impuso la pena de muerte a los esclavistas, considerando todo tipo de rapto como una forma de esclavitud. Los diversos y casi incomprensibles cambios políticos que habían seguido al derrocamiento del Emperador, y sobre todo la posterior y sangrienta guerra civil en la que los nuevos conceptos de ley y orden parecían haber sido de igual modo exiliados, estaban propiciando hasta cierto punto que las tribus más primitivas retornaran a sus casi olvidados hábitos, pero eso había sido siempre cosa de montañeses, impensable en un musulmán civilizado que rezaba diariamente a Dios y era capaz de arreglar un complejo motor.

¿Qué necesidad tenía un hombre tan rico como para ser dueño de un camión, de raptar a una muchacha para venderla por un puñado de libras sudanesas?

–Lo he estado meditando y he llegado a la conclusión de que ojalá sea ése su destino –puntualizó esa noche la *señorita* Margaret cuando se quedó a solas con los chicos mayores–. Si la vende como esclava, conseguirá salir adelante porque es bonita, culta e inteligente. –Lanzó un leve suspiro–. Es posible que incluso la dediquen a enseñar a los hijos de algún jeque, con lo cual su destino sería mejor que el nuestro. –Introdujo los dedos en el pajizo cabello de Bruno Grissi, echándoselo hacia atrás en un vano esfuerzo por alisárselo–. Lo que en verdad me inquieta es que ese canalla de Mubarak sea un sádico.

–¿Qué es un sádico? –inquirió de inmediato Ajím Bikila.

–Un hombre que maltrata a las mujeres.

–¿Por qué?

–Porque de ese modo experimenta el placer que no es capaz de sentir como un hombre normal. –Sonrió con amargura–. Pero no me hagáis mucho caso; probablemente yo sea la persona que menos sabe de esas cosas.

–Usted lo sabe todo –se apresuró a replicar Menelik Kaleb–. Al menos todo lo que yo sé lo he aprendido de usted.

–Eso es muy cierto –fue la respuesta–. Pero lo que también es cierto es que «nuestro todo» era muy pequeño, y no nos hemos dado cuenta hasta que nos hemos visto obligados a salir de la aldea.

–Siempre podremos aprender.

La *señorita* Margaret dedicó la más dulce de sus sonrisas a Ajím, que era quien había hecho semejante afirmación.

–Tendréis que aprender muy aprisa –musitó–. Muchas vidas dependen de ello, y en esta ocasión ya no puedo daros con la regla en los nudillos.

–Ya no hará falta –replicó muy serio Bruno Grissi–. Ya no somos niños.

–Me he dado cuenta –admitió ella alargando la

mano para pellizcarle la mejilla–. Ya sois tres hombres, y tres hombres muy valientes que vais a salvarnos a todos. ¡Lo conseguiremos! –concluyó con voz firme–. Cruzaremos ese río por muy ancho que sea y encontraremos un lugar en que vivir en paz todos juntos.

Emplearon casi un día en bordear el cañaveral sin distinguir más que el alto muro de papiros a la izquierda y la pedregosa y muerta llanura a la derecha, y cuando a media tarde consiguieron divisar un nuevo trozo de río y tres grandes chozas clavadas sobre pilotes muy cerca de la orilla, tuvieron la sensación de haber alcanzado al fin el paraíso.

El lugar se encontraba habitado por un fornido pescador, sus cuatro mujeres y una decena de alborotadores chiquillos que se pasaban la mayor parte del tiempo lanzándose al agua desde el porche de sus viviendas, en un continuo juego al que tan sólo pusieron fin en el momento de descubrir al puñado de harapientos seres humanos que llegaban casi arrastrándose por el borde del cañaveral.

Los escasos habitantes de aquel remotísimo lugar eran dinkas, gentes muy primitivas pertenecientes a una pequeña rama de la raza nilótica más antigua del Sudán, lo que los convertía en los negros más negros del continente, puesto que tan sólo los kokotos que habitaban sobre balsas en el corazón del lago Chad podrían competir con ellos en cuanto a intensidad en la pigmentación de la piel.

En comparación, el negrísimo Askia, que era sin

duda el más oscuro de los etíopes, apenas se veía de una tonalidad ligeramente tostada, pero lo que resultó evidente desde el primer momento fue el hecho indiscutible de que todo cuanto tenían de negros lo tenían también de compasivos, puesto que tanto el hombre como las mujeres y los niños se volcaron de inmediato en atenciones con los recién llegados.

Bakú, que así se llamaba el gigantesco y bonachón patriarca de tan numerosa familia, se apresuró a ofrecerles la más amplia de sus cabañas; un lugar fresco y acogedor pese al insoportable bochorno exterior y gracias a estar alzada por encima de las cañas más altas, aprovechando así cualquier soplo de brisa que se colaba por entre las infinitas rendijas de sus paredes.

Las mujeres se apresuraron a traer grandes percas «jareadas» al sol y asadas en el interior de enormes hojas de papiro, papilla de cebada, ñames, leche fresca y dulces dátiles del tamaño de un dedo, para retirarse luego discretamente y permitir que sus agotados huéspedes cenaran y descansaran en paz hasta bien entrada la mañana siguiente.

De ese modo, y por primera vez desde que abandonaran su aldea, la *señorita* Margaret y los niños durmieron bajo techo, sintiéndose seguros al tener plena conciencia de que un hombre decente les protegía.

Aunque se entendían entre ellos en un complicadísimo dialecto, Bakú y dos de sus mujeres chapurreaban el árabe, por lo que no resultaba demasiado difícil entenderles, ya que, además del amárigo local, el árabe y el inglés eran lenguas que la *señorita* Margaret había impuesto en la escuela, consciente de que constituían idiomas básicos para todo aquel que pretendiese alcanzar algún cargo de la más mínima importancia en Etiopía.

Fue así como ella misma pudo hacer un detallado relato de su odisea, y a medida que hablaba el hombre lo iba traduciendo al resto de la comunidad, que no podía evitar estallar de tanto en tanto en ruidosas exclamaciones de asombro, al tiempo que les dirigían largas miradas de conmiseración.

Al concluir la triste historia, el amable dinka les invitó a quedarse en su casa todo el tiempo que necesitaran, añadiendo que si en verdad tenían un especial interés en cruzar el río intentaría ayudarles, aunque de antemano puso de manifiesto que aquélla era una empresa excesivamente arriesgada y que muy rara vez se veía coronada por el éxito.

–¿Por qué? –quiso saber Menelik Kaleb desconcertado.

–Esto es el Sudd –se limitó a replicar Bakú como si con ello sobraran explicaciones–. El corazón del Sudd.

Ni Menelik Kaleb, ni ninguno de sus compañeros de viaje tenía por aquel entonces la más mínima idea de que el mencionado Sudd fuera la temida región en que desaparecieran cuatro mil años atrás cuantos ejércitos enviaron los faraones en busca de las sagradas fuentes del «Padre Nilo» en un vano intento por descubrir las razones de sus desorbitadas crecidas anuales.

Eran también los interminables cenagales en que

se hundieron dos legiones romanas; las aguas que se tragaron a los más aguerridos soldados ingleses, y la barrera de agua, cañas, papiros y barro que ningún explorador había conseguido atravesar hasta el presente y regresar para contarlo.

El Sudd seguía siendo por tanto uno de los últimos lugares perdidos de la tierra; el reino de los nenúfares, los lirios y las «coles del Nilo», que se agolpaban en tal profusión que llegaban a formar una masa compacta sobre la que se podía caminar aunque bajo ella se ocultase una ancha capa de agua.

En el Sudd la transpiración de su inconcebible cúmulo de plantas acuáticas bajo el intenso calor tropical producía una evaporación casi diez veces superior a la que se hubiera producido en caso de tratarse de una abierta extensión de aguas libres, por lo que no resultaba extraño que a partir de mediodía la visibilidad apenas alcanzase los cien metros, sumido como estaba el paisaje en una densa bruma en la que la humedad se aproximaba al cien por cien.

En el Sudd, los recién llegados, en especial los blancos, sudaban como si estuviesen encerrados en una gigantesca sauna, y aun estando como estaban tan acostumbrados todos ellos a soportar temperaturas extremas, la *señorita* Margaret y los niños tenían la desagradable sensación de que en cualquier momento iban a transformarse en un simple charco de agua.

Y es que las ciénagas del Sudd actuaban a modo de llave de paso del Nilo Blanco, impidiendo que sus espectaculares crecidas, unidas a las de su principal afluente, el Nilo Azul, arrasaran por completo cuanto pudieran encontrar a su paso corriente abajo.

Durante la época de las grandes lluvias en el macizo abisinio, el Nilo Azul se desbordaba, y el rico limo que arrastraban sus aguas invadía las tierras egipcias, proporcionándoles su extraordinaria fertilidad, mientras que, por su parte, la barrera pantanosa del Sudd impedía que las espectaculares crecidas del lago Victoria, origen del Nilo Blanco, se sumasen a las anteriores, provocando auténticos desastres.

A medida que el caudal del Nilo Blanco comenzaba a aumentar, iba desprendiendo de las orillas inmensas masas vegetales que se desplazaban a modo de islas que acababan por obstruir el cauce del río, conformando uno de los lagos más extensos del mundo, aunque fuera en realidad muy poco profundo.

A su modo, Bakú les dio a entender que a partir de aquel punto no se les presentaban más que dos opciones: o regresar en busca de la pista de tierra que probablemente habría seguido Mubarak Mubara en su viaje hacia los desiertos del norte, o arriesgarse a cruzar al otro lado del cenegal para alcanzar la zona selvática y adentrarse a través de ella en la República Centroafricana.

–Tú ¿cuál camino escogerías? –quiso saber la *señorita* Margaret.

–Ninguna –fue la honrada respuesta del nativo.

–¿Por qué?

–Porque las mismas posibilidades existen de morir de sed en el desierto, que de ahogarse en el pantano.

–¿Has ido alguna vez al norte?

–No.

–¿Y has cruzado alguna vez a la otra orilla?

–Tampoco.

–¿Hasta dónde has llegado?– insistió.

–Hasta el centro del cauce principal, pero siempre durante la época en que está despejado –puntualizó el dinka–. Al otro lado del cauce la extensión es cinco o seis veces mayor, y por lo que yo sé, la vegetación muchísimo más densa.

Aprovechando las horas de la noche, que eran las únicas en las que la temperatura descendía hasta permitir pensar con un mínimo de claridad, la *señorita* Margaret convocó a su plana mayor como si fueran una especie de consejo de ancianos para decidir por cuál de las dos opciones que se les ofrecía debían inclinarse.

Ajím Bikila y Bruno Grissi rechazaban de plano la idea de regresar al pedregal, sabiendo como sabían que no era más que la antesala de un auténtico desierto en el que acabarían muriendo de sed, mientras que a Menelik Kaleb le impresionaba mucho más la impenetrabilidad de un espeso muro de papiros y carrizos por el que tendrían que abrirse paso a machetazos.

–Ese lago es una trampa –dijo–. Una gigantesca trampa en la que jamás podremos esperar ayuda. Me horroriza la idea de quedar atrapados en su interior para ver cómo los niños van muriendo uno tras otro abrasados por un sol de fuego.

–Al menos tendremos agua –le hizo notar Ajím.

–¡Desde luego! –admitió el otro–. Muchísima más agua de la que podrían beberse todo los habitantes del planeta. Y ése es el gran problema.

–Cualquier cosa me parece mejor que morir de sed –sentenció el otro.

–¿Estás seguro?

Resultaba inútil enzarzarse en una absurda discusión que a nada conducía, por lo que la *señorita* Margaret decidió que lo mejor que podían hacer era limitarse a sopesar los pros y los contras de las dos rutas posibles, teniendo en cuenta, además, adónde les llevaría cada una de ellas en el hipotético caso de que consiguieran alcanzar el final del camino.

–Más allá del desierto sudanés empieza el auténtico Sáhara –puntualizó con evidente lógica Bruno Grissi–. Y eso sí que son miles de kilómetros de arena hasta llegar al Mediterráneo. –Agitó la cabeza desechando la idea–. Si no conseguimos algún medio de transporte, y no tenemos con qué pagarlo, pasaremos meses caminando.

–Sin embargo Bakú asegura que al otro lado del río hay tierras fértiles que llevan directamente a Centroáfrica –añadió Ajím Bikila en un claro intento por reforzar la tesis de su amigo–. No creo que debiéramos dudarlo.

A Menelik Kaleb continuaba horrorizándole el amenazante aspecto del espeso cañaveral, pero pareció llegar a la conclusión de que el planteamiento de sus compañeros era el más correcto, ya que siempre resultaría más esperanzador enfrentarse a un muro verde al otro lado del cual se encontraba una posible salvación, que a la inmensidad del mayor de los desiertos del planeta.

–¡De acuerdo...! –admitió al fin–. Tal vez sea mejor que lo intentemos a través del río.

En cuanto le comunicaron su decisión, Bakú se esforzó por hacerles comprender que lo primero que tenían que hacer era armarse de una infinita paciencia, puesto que el pantanal de la orilla izquierda estaba formado por un auténtico laberinto de intrincados canales que la mayoría de las veces no tenían salida, y cuyo aspecto cambiaba según el capricho de las aguas, los carrizos o las flotantes islas de nenúfares.

En su opinión podían verse atrapados allí dentro durante toda una semana, un mes o un año, y, por lo tanto, su única esperanza de salvación se centraba en su capacidad de conservar la calma y alimentarse del propio pantano bajo cualquier circunstancia.

–Yo os puedo enseñar a sobrevivir –concluyó–. Pero la serenidad necesaria para encontrar la salida es cosa vuestra.

–La tendremos –sentenció Bruno Grissi–. Al fin y al cabo nadie nos espera en ninguna parte.

A la mañana siguiente, el dinka comenzó el adiestramiento, y lo primero que hizo fue obligarles a cortar inmensos haces de largas cañas para extenderlas sobre la orilla y permitir que se secaran al sol con el fin de empezar a preparar las embarcaciones.

A los más pequeños los puso a trenzar cuerdas con las fibras de una pitera salvaje que crecía tierra adentro, y por su parte se concentró en la labor de fabricar fuertes arcos a base de un bambú muy especial.

Cuando las cañas comenzaron a secarse dos días más tarde, les mostró cómo debían atarlas en gruesos manojos que se iban uniendo luego los unos a los otros hasta formar unas toscas pero resistentes balsas que constituían una especie de versión muy particular de las barcas de *totora* de los indios aymarás del lago Titicaca, o las seguras *kadeyas* de los kokotos del Chad.

Su mayor virtud se centraba en su prodigiosa flotabilidad, puesto que pese a su notorio volumen y su capacidad para cinco o seis personas, apenas calaban más de diez centímetros, lo que las convertía en las embarcaciones idóneas para navegar por zonas de muy limitada profundidad.

Bakú les advirtió, no obstante, que a medida que las cañas del fondo fueran empapándose, el peso muerto aumentaría, con lo que por lógica la flotabilidad disminuiría, indicándoles que para corregir tal defecto lo único que podían hacer era desprender los haces de cañas que se encontraban bajo el agua, para añadir otros nuevos por encima de la línea de flotación.

–Pero eso tan sólo ocurrirá al mes de estar en el agua –concluyó.

La sola idea de pasar un mes vagando por entre un muro de papiros aterrorizaba a los muchachos, por lo que la *señorita* Margaret decidió dedicar la mayor parte del tiempo libre a la nada sencilla labor de mentalizar a los más pequeños sobre cuanto podría ocurrir en los días venideros.

–Si hubiésemos llegado al mar –les hizo notar– tal vez tendríamos que pasar meses embarcados, y sería aún peor, porque los barcos se mueven, la gente se marea, y el mar es muy profundo y agitado. Por una vez tenemos suerte, ya que aquí las aguas son tranquilas y jamás podremos hundirnos. Lo que importa es no perder la paciencia.

–¿Y si realmente no hay salida...? –quiso saber la eternamente práctica Zeudí–. Nos moriremos de hambre.

–En esas aguas hay más peces de los que podrías comerte en mil años –le replicó agriamente Ajím Bikila–. Y el pánico es lo único que en verdad puede matarnos. Si conseguimos vencerlo, llegaremos a la otra orilla.

En un principio Bakú fue partidario de construir dos grandes balsas, pero al fin llegó por sí solo al convencimiento de que resultaría preferible llevar tres más estrechas, ya que de ese modo se facilitaría el paso por los canales.

Amanecía cuando el dinka trepó a su pequeña piragua e inició la marcha, seguido por unas balsas que los muchachos empujaban con ayuda de largas pértigas, y a los pocos minutos la más alta de las cabañas desapareció tras el muro de carrizos, momento en el que Bakú se introdujo por un estrecho canal que parecía llevarle de nuevo a tierra firme, pero que poco después giró para acabar desembocando en un claro que no parecía tener salida.

El nativo se lo tomaba todo con infinita calma, como si su principal misión fuera la de dar ejemplo de cuál debía ser la actitud si pretendían alcanzar su objetivo, y en ocasiones saltaba a la mayor de las embarcaciones para formar una pequeña torre humana y permitir que Ifat, que era uno de los más ágiles, trepara hasta lo alto con el fin de otear por encima de los papiros.

–No te fijes en los canales más anchos –decía–. Sino en los que se dirijan hacia aguas despejadas.

Se diría que se esforzaba por conducirles por las zonas más difíciles en un postrer intento por enseñarles a descubrir las salidas pero, aun así, al cuarto día desembocaron en un amplio canal de poco más de un kilómetro de anchura por el que las aguas corrían con cierta velocidad.

–Aquí me quedo –señaló–. Cruzad rápidamente y sin permitir que el río os arrastre, porque aguas abajo encontraríais una trampa mortal. Luego seguid siempre hacia donde se pone el sol.

Le abrazaron con lágrimas en los ojos, y advirtieron cómo también él se conmovía y cómo permanecía en el mismo punto observándoles mientras hasta el último de los chiquillos tomaba un rústico remo y bogaba hacia el frondoso cañaveral de la otra orilla.

Tuvieron que sortear una enorme isla de jacintos que descendía mansamente por el centro del río y sobre la que se posaba una bandada de ibis rojos, y sudaban a mares al penetrar por un tranquilo canal que se dirigía al noroeste.

Aún pudieron distinguir la figura del dinka, que en pie sobre su frágil embarcación agitaba los brazos en señal de despedida, pero casi al instante el cañaveral pareció cerrarse como una mágica cortina, y no pudieron evitar que una indescriptible sensación de angustia se apoderara de su ánimo cuando comprendieron que se encontraban solos e indefensos frente a una de las regiones más inaccesibles del planeta.

Todos aparecían muy cansados, y la *señorita* Margaret decidió empezar a aplicar los consejos del «dinka», indicando que había llegado el momento de pescar algo y pasar lo mejor posible su primera noche en el cenagal.

Por suerte, los sedales y anzuelos que Mubarak Mubara abandonara durante su precipitada huida, resultaban muy útiles en unas aguas que parecían hervir de peces, y como Bakú había colocado una gran laja de piedra en el centro de cada embarcación, les bastaba con cortar la parte alta de las cañas y dejarlas un solo día al sol para tener combustible más que suficiente con el que asar cuanto pescaban.

Ese fuego ayudaba también a ahuyentar a los mosquitos y a los demonios de las tinieblas, pero por desgracia atraía como un imán a los gigantescos cocodrilos que infestaban aquellas aguas.

A los niños les aterrorizaba distinguir sus ojos brillando como carbones al reflejar las llamas de la hoguera, por lo que se acurrucaban en el centro de las balsas temiendo que con un movimiento brusco un brazo o una pierna pudiera quedar colgando sobre el agua para servir de apetitosa cena.

Sin embargo, cuando alguna de las indiferentes bestias parecía sentir hambre, lo único que hacía era girar el cuello y aferrar con la cola a cualquiera de las innumerables percas que de igual modo acudían al reclamo de la luz, por lo que no parecían tener el más mínimo interés en complicarse la vida atacando a unos seres desconocidos sobre cuyo sabor debían abrigar serias dudas.

Más peligrosas resultaban a todos los efectos, las ponzoñosas serpientes de agua que de tanto en tanto cruzaban por entre las balsas para perderse de vista en lo más intrincado del cañaveral, y eran ellas contra las que con más insistencia les había prevenido Bakú, puesto que uno de sus hijos había muerto a causa de una mordedura que solía ser fatal si tenía lugar de la cintura para arriba.

Sentada en la popa de una de aquellas primitivas embarcaciones, la *señorita* Margaret observaba los ojos de los cocodrilos y el gajo de luna en creciente que empezaba a hacer su aparición por entre los plumones de los papiros, abrigando el íntimo convencimiento de que nadie habría llegado nunca tan lejos en una huida, puesto que resultaba evidente que a través de miles de años de historia, el ser humano había explorado las más altas montañas, los más profundos océanos, las más impenetrables selvas y los más ardientes desiertos, pero jamás se había atrevido a atravesar las muertas aguas del Sudd.

Ese Sudd había sido –y muy probablemente lo seguiría siendo hasta el fin de los tiempos– una impenetrable muralla natural, y lo más desconcertante estribaba en el hecho de que no estaba constituido por duras rocas o gruesos árboles, sino tan sólo por frágiles cañas de apenas tres centímetros de diámetro, pero tan hacinadas que no existía forma humana de abrirse paso a través de ellas.

Una por una podían quebrarse con las manos,

pero allí estaban sobresaliendo casi cinco metros sobre la superficie del agua, y en ocasiones con dos metros más de longitud bajo ella, cortando como afiladas navajas en cuanto se las rompía, y agitando sus plumeros al viento como si se tratara de una gigantesca hidra de mil millones de cabezas, o un ejército de impasibles lanceros conscientes de que su victoria estaba asegurada.

¿Por qué su pequeño dios, antaño tan apacible y bondadoso, se las había ingeniado para conducirla hasta los confines de la mayor de las trampas, y por qué obligaba a criaturas inocentes a compartir unos sufrimientos que por ninguna razón les debían estar destinados?

Observó el demacrado rostro de la minúscula Dacia, que se agitaba en sueños apoyada en el brazo de Carla, cuya rubia melena antaño sedosa y reluciente aparecía ahora enmarañada y mustia, y se esforzó por encontrar alguna razón válida para que alguien –divino o humano– creyera tener motivos suficientes como para infligir tales castigos a tan indefensas criaturas.

No la encontró.

Ni aun en el caso de que el mundo hubiera sido creado por el más perverso de los demonios con el único fin de dar rienda suelta a sus más retorcidos instintos, se concebía el hecho de que alguien pudiera disfrutar con los ahogados gemidos de una niña cuya mente debía estar reviviendo en este instante los peores momentos de los últimos días.

Cubiertos de barro seco de los pies a la cabeza en un desesperado intento por protegerse de los mosquitos que en los atardeceres se agolpaban en espesas nubes que oscurecían el sol, el temeroso grupo de niños y niñas apretujados en el centro de las balsas de caña semejaban, a la luz de la hoguera, un confuso montón de cascotes de desecho, productos del derribo de un viejo palacio con exceso de estatuas y de frisos.

El sol y el barro formaban luego costras que degeneraban en llagas a las que acudían verdes moscas a depositar sus huevos, y la *señorita* Margaret no necesitaba saber mucho de medicina como para comprender que muy pronto se infectarían y comenzarían a supurar una amarillenta pus espesa y maloliente.

–¡Dios bendito! –repitió una vez más–. ¿Por qué?

Y una vez más rompió a llorar hacia adentro, anegando de lágrimas su corazón, pero esforzándose por mantener los ojos secos para que sus alumnos no pudieran descubrir la profundidad de su desesperación, puesto que desde que se adentraran en el cenagal había tomado la costumbre de pasarse las noches vigilando el sueño de los niños y su descanso se limitaba a dar alguna ligera cabezada durante las horas del día.

Una de esas noches en que permanecía en vela atenta a que los cocodrilos no se aproximaran en exceso, advirtió cómo una gran sombra avanzaba pausadamente hacia la luz sobre la espesa masa vegetal de un islote de nenúfares, y cuando el leve reflejo de la hoguera le dio de lleno, le asombró descubrir que se trataba de un hermoso macho de «sitatunga»:

una exótica especie de antílope exclusivo de los pantanos que muy raramente se dejaba ver en campo abierto.

Aquel curioso animal, que se movía sobre los lotos y los jacintos casi con la misma elegancia con que un gato se mueve por una mesa repleta de copas, producía la extraña impresión de estar realizando el milagro de caminar sobre las aguas, y lo conseguía por las especiales características de sus pezuñas, que tanto más se ensanchaban cuanto mayor era el peso que tenían que soportar, por lo que le bastaba un mínimo punto de apoyo para mantenerse en perfecto equilibrio.

El «sitatunga» observó el fuego con sus enormes y tímidos ojos de un marrón muy oscuro, y aunque se trataba de una apetitosa presa que les hubiera alimentado durante dos o tres días, la *señorita* Margaret pareció comprender que el más mínimo movimiento lo espantaría, por lo que prefirió permanecer muy quieta, observándolo como lo que en realidad era: una fantasmagórica aparición que venía a corroborar que por hostil que pareciese aquel pantano, existían seres de innegable belleza que lo habían elegido para vivir en paz y sin temores.

Cuando al fin el hermoso animal dio media vuelta y desapareció tan altivamente como había llegado, Mario Grissi, que ocupaba la balsa vecina, se volvió a la *señorita* Margaret para susurrar apenas:

–¿Lo has visto? –Y cuando ella asintió en silencio añadió con voz casi trémula–: Qué bonito era ¿verdad?

–Mucho.

El pequeño bajó aún más la voz para señalar como si se tratara de un precioso secreto:

–Lo ha enviado mi madre.

–¿Cómo has dicho? –inquirió desconcertada.

–Que hace unos momentos se me apareció mi madre para pedirme que me despertara porque me enviaba un regalo... –Hizo un gesto hacia las sombras–. ¡Y ahí estaba!

–¿Se te aparece a menudo?– quiso saber temiendo la respuesta.

El pequeño negó con un casi imperceptible mohín de tristeza.

–Es la primera vez –reconoció con manifiesta amargura.

–No te preocupes –le tranquilizó–. Lo hará a menudo. Cada vez que llegue un animal hermoso te avisará.

–¿Cómo lo sabes?

–Porque ella está siempre vigilando.

–¿Como tú?

–Más que yo. No olvides que es tu madre.

–Bruno asegura que ahora tú eres nuestra madre.

–¡Calla y duerme! –suplicó conmovida.

El niño obedeció y la *señorita* Margaret pasó el resto de la noche meditando en la posibilidad de que todo aquello hubiera ocurrido porque Dios deseaba que se convirtiese en madre de un puñado de críos de todas las edades y todos los colores.

–Es pedir demasiado... –musitó poco antes de quedarse dormida en el momento en que el alba comenzaba a deslizarse sobre los anchos plumeros de los papiros–. Demasiado...

Ese mismo día unas violentas fiebres convulsivas atacaron a cuatro de los muchachos, y pese a cuanto hicieron por intentar aplacárselas, el inquieto Askia murió con las primeras sombras de la noche.

Se extinguió como el día, sin un lamento ni tan siquiera un gesto que presagiara que había llegado su fin, como si ese tranquilo fin fuese algo normal en semejantes circunstancias; mucho más lógico y normal, sin duda alguna, que continuar respirando cuando tan escasas razones existían para hacerlo.

Su negrísimo rostro se volvió ceniciento; los enfebrecidos ojos se opacaron, y cada una de sus facciones se distendió como si, más que el peor de los castigos, la muerte fuera un premio que llevara largo tiempo esperando un premio que le evitaba tener que seguir soportando, el asalto de los mosquitos, el agobiante calor, el irrefrenable miedo a las fieras, o la fatiga de caminar sin rumbo por desiertos y pedregales.

Le observaron en silencio, y a la *señorita* Margaret le asustó advertir que la expresión de algunos niños era de envidia, como si al verle en tal estado acabaran de descubrir que resultaba mucho más práctico morirse que sudar durante horas empujando una pesada embarcación que no parecía querer dirigirse a parte alguna.

Si el futuro que el destino les tenía reservado era el de perecer atrapados en aquel laberinto de cañas, quizá lo más lógico sería adelantar cuanto antes ese futuro para evitar así los incontables padecimientos que hallarían en el ínterin.

Velaron el cadáver hasta que el sueño los venció,

y la *señorita* Margaret se quedó a solas una vez más con una amargura a la que venía a sumarse ahora la contemplación de aquel diminuto cuerpecillo al que incluso los mosquitos despreciaban.

¿Por qué?

¿Por qué extraña razón los cadáveres atraen a las moscas pero repelen a los mosquitos?

¿Acaso la sangre inmóvil, quieta en las venas, no constituye ya para ellos un alimento nutritivo o apetecible?

Al observar cómo se avalanzaban sobre los durmientes, le intrigó la razón de aquel rechazo hacia quien ya no oponía resistencia ni tenía el más mínimo interés por conservar la escasa sangre que le quedaba, pero casi al instante se esforzó por rechazar tan macabros pensamientos y pasó a plantearse qué podrían hacer a la mañana siguiente con lo poco que había quedado de Askia.

La única tierra donde podían darle sepultura no era más que un lodo pastoso que se encontraba en el mejor de los casos a un metro bajo la superficie del agua, y limitarse a arrojarle a esa agua era tanto como invitar a los omnipresentes cocodrilos a que probasen algo nuevo a lo que tal vez podían llegar a acostumbrarse.

Triste lugar era aquel en el que ni agua ni tierra ofrecían postrero refugio a un niño que apenas abultaba; triste y maldito, y así debería seguir siendo hasta que un gigantesco cataclismo acabara por borrarlo para siempre de la faz del planeta.

Cerca del amanecer sintió la imperiosa necesidad de arrodillarse y pedirle perdón al difunto por haberle condenado a un final tan abominable, y el sol les sorprendió vagando en busca de un lugar en el que conceder eterno reposo a un ser excesivamente maltratado, pero como no lo hallaron, optaron por depositarlo sobre una ancha isla de nenúfares que se desplazaba mansamente hacia el nordeste.

Lo dejaron allí, terriblemente solo cara al cielo, y al alejarse la mayoría de los niños lloraba, más por el temor que producía tan espantosa soledad, que por el hecho de haber perdido a un amigo cuyo espíritu debía de estar corriendo por el hermoso paraíso que el Señor reservaba a los más pequeños.

Media docena de buitres llegados de no se sabía dónde trazaban anchos círculos aguardando pacientemente a que los vivos se perdieran de vista entre las cañas, y nadie hizo gesto alguno cuando Menelik Kaleb desperdició un cartucho, aun sabiendo que jamás conseguiría acertarles.

Tal vez debido al desconcierto, o a la profunda tristeza que la amarga escena les había producido, la balsa que comandaba Ajím Bikila equivocó el rumbo una hora más tarde, y cuando de improviso el muchacho advirtió que se había desviado por un canal diferente al que habían tomado las embarcaciones que les precedían comenzó a gritar llamando la atención del resto del grupo.

Por suerte, éstos aún podían oírle, pero era tal la maraña de vegetación y tan altos los carrizos, que no había forma de verse, por lo que pasaron horas buscándose hasta que al caer la noche les resultó factible hablarse sin necesidad de alzar la voz.

No obstante era como si se encontraran uno a cada lado de una alta muralla de diez metros de espesor en la que les constaba que no existía puerta alguna de intercomunicación.

A la mañana siguiente decidieron que el peor error que podían cometer sería volver atrás, arriesgándose a separarse definitivamente, por lo que Bruno Grissi y Menelik Kaleb opinaron que la mejor solución sería abrirse paso a machetazos a través de las cañas.

Trabajando al unísono desde ambos lados, tardaron casi tres horas en poder darse la mano, y media hora más en conseguir que todos los ocupantes de la balsa perdida pasaran a duras penas por el estrecho pasadizo.

Acabaron agotados, sudorosos y cubiertos de cortes y arañazos, pero el simple hecho de volver a reunirse ofreció todos los visos de un auténtico triunfo, aunque ahora las sobrecargadas balsas resultaban mucho más difíciles de manejar, y rozaban con harta frecuencia las cañas del fondo.

Empezaba a plantearse la necesidad de repararlas tal como el dinka les había enseñado, cuando desembocaron en una amplia laguna de apenas un metro de profundidad, desde cuyo centro se distinguían con toda nitidez altivas palmeras y redondas copas de gigantescos árboles que nada tenían en común con los cañaverales que les habían obsesionado.

No pudieron evitar dar gritos de alegría, convencidos de que al fin habían alcanzado la orilla izquierda del terrorífico pantanal.

Esa alegría duró sin embargo muy poco, puesto

que a las dos horas llegaron a la conclusión de que, pese a encontrarse a poco más de un kilómetro de distancia, no existía canal alguno que comunicase la laguna con tierra firme, y todo cuanto se distinguía de allí en adelante era una interminable extensión de papiros y carrizos a través de la cual resultaba imposible abrirse paso.

–Tardaríamos meses –puntualizó Menelik Kaleb con muy buena lógica.

–Pero al menos podríamos intentarlo –aventuró Ajím Bikila.

–Nos quedaríamos sin machetes antes de haber abierto siquiera la mitad del camino –le hizo notar el otro–. ¡Sería tiempo perdido!

–Pues lo que está claro es que no debemos retroceder para internarnos nuevamente en ese infierno –intervino la *señorita* Margaret, segura de sí misma–. Los pequeños están agotados.

–¿Y qué se le ocurre?

–Nada.

Resultaba en verdad frustrante encontrarse a la vista de la ansiada orilla sobre la que debían clavar sus raíces los gigantescos árboles que se alzaban a más de treinta metros por encima de los plumeros de los papiros, y no encontrar la forma de franquear una verde frontera contra la que era inútil descargar toda la ira que destilaban sus corazones.

–¡No es justo! –se lamentaba una y otra vez el exasperado Ajím–. ¡No es justo!

Justo o no allí estaban aquellos millones y millones de triangulares tallos decididos a cortarles el paso, y fue en esta ocasión la bella y tímida «Reina

Belkiss» la que brindó una solución que a nadie más se le había pasado por la cabeza.

–¿Y si les prendiéramos fuego? –aventuró como quien no le da importancia al hecho de quemar medio mundo.

–¿Cómo has dicho? –inquirió el sorprendido Bruno Grissi.

–Que les prendamos fuego a ver qué pasa.

La observaron estupefactos, al tiempo que trataban de imaginar lo que significaría provocar un incendio que, si se propagaba, formaría un frente de fuego de casi dos kilómetros de anchura por tal vez cien de longitud a todo lo largo de la orilla del cenagal.

–¡Cielo santo! –no pudo evitar exclamar la *señorita* Margaret–. ¿Creéis que arderá?

–No debe de haber llovido en meses y la parte alta de las cañas está muy reseca –admitió Menelik–. Es posible que al quemarse vayan secando lo que aún esté húmedo y de ese modo consigamos que arda hasta la superficie del agua.

–Sería un incendio monstruoso.

–¿Acaso podemos hacer otra cosa? –quiso saber Bruno Grissi–. O eso, o condenarnos a vagabundear por el pantano durante sabe Dios cuántas semanas más.

La *señorita* Margaret lo meditó tan sólo unos segundos, recorrió con la vista los famélicos rostros de la chiquillería, y concluyó por hacer un afirmativo gesto con la cabeza.

–¡Adelante! –dijo.

Amontonaron a los más pequeños en una de las balsas, que se alejó hasta el otro extremo del lago, y los tres mayores se aproximaron al cañaveral para prenderle fuego por cuatro puntos diferentes.

Fue en verdad un espectáculo impresionante.

Un humo negro y denso y altas llamas se adueñaron del pantano en cuestión de minutos, y el estruendo del fuego cobró tal fuerza que incluso costaba trabajo hacerse oír, pese a que se encontraban a casi quinientos metros de distancia.

Miles de aves alzaron el vuelo y docenas de caimanes y centenares de serpientes buscaron refugio en el lago, tan aterrorizadas que ni tan siquiera se preocupaban por atacar a las desconcertadas presas que se ponían a su alcance.

Pavesas y cenizas volaron cubriendo el agua de una oscura capa de detritus, y llegó un momento en que el aire se volvió casi irrespirable mientras el sol desaparecía tras una espesa columna de humo para no volver a mostrarse abiertamente hasta la mañana siguiente.

Poco a poco el frente de llamas inició un lento desplazamiento siguiendo la línea del río, y podría decirse que fue aquél un día sin noche puesto que el resplandor del incendio iluminó el cielo hasta la primera luz del alba.

En contra de lo que imaginaron en un primer momento, pisar tierra no significó dejar atrás de forma definitiva los cenagales, sino tan sólo haber alcanzado la margen izquierda del Nilo Blanco, lo que constituía por definición geográfica el punto exacto en que nacía el auténtico Sudd.

Los innumerables y a menudo caudalosos ríos que descendían de las altas y boscosas tierras de Uganda, Congo y República Centroafricana acababan por empantanarse –al igual que el Nilo– en la gigantesca depresión sudanesa, donde suaves ondulaciones del terreno les impedían progresar, con lo que la mayoría morían conformando un auténtico mar interior que con el paso de los siglos había concluido por generar la mayor concentración de biomasa del planeta, dado que la desmesurada proliferación de vida vegetal y animal no admitía comparación ni aun con las regiones más fértiles de la Amazonia.

A lo largo y lo ancho de una superficie casi tan grande como Alemania, la verde alfombra formada por lirios acuáticos, «coles del Nilo» y helechos flotantes alcanzaba a menudo dos metros de espesor, lo que le permitía soportar el peso de un hipopótamo, mientras que en las «islas» que quedaban al descubierto durante el estiaje, los pastos crecían hasta la altura de un hombre, al tiempo que los árboles y las palmeras se proyectaban hacia el cielo con una fuerza y una vitalidad inigualables.

Por lógica, aquel intrincado y casi inaccesible paraíso vegetal se había ido convirtiendo con el paso de los siglos en uno de los últimos santuarios de especies animales que corrían peligro de extinción, razón por la que en el lejano Sudd sobrevivían en paz los últimos rinocerontes blancos en estado salvaje, y en el Sudd habían buscado de igual modo refugio gigantescos elefantes de enormes colmillos.

También era en el Sudd donde podían divisarse aún cocodrilos de más de cinco metros, pitones de seis, varanos de dos y miríadas de aves acuáticas, miles de antílopes, centenares de hipopótamos, decenas de leopardos y en realidad una explosión de vida tal que a la *señorita* Margaret y a la mayoría de los muchachos les costaba trabajo dar crédito a lo que estaban viendo.

Con la simple ayuda de uno de los rústicos arcos que preparara el dinka, cazaron un hermoso cob en menos de diez minutos, y era tal la cantidad de nidos que se desparramaban por los arbustos vecinos, que Zeudí sufrió un empacho a las tres horas de haber abandonado el pantanal.

Salvo por el agobiante calor, que iba en aumento a medida que la evaporación se hacía más y más densa, y las legiones de mosquitos, que atacaban con desatada furia en los atardeceres, aquel lugar bien podría considerarse el paraíso prometido, y daba una idea bastante aproximada de lo que debió de ser el mundo mucho antes de que el ser humano comenzara a destrozarlo.

–¡Quedémonos aquí! –pidió ese mismo día la pequeña Carla.

Era una propuesta que no dejaba de tener una cierta lógica al provenir de una criatura que había padecido lo indecible, por lo que la *señorita* Margaret llegó a plantearse tal posibilidad teniendo en cuenta que se trataba de un grupo de parias a los que no esperaba nadie en parte alguna.

La «isla» –pues cabría considerar que el lugar al que habían llegado no era más que una isla rodeada de aguas poco profundas, aunque muy próxima a otras muchas islas semejantes–, ofrecía cuanto un millar de personas hubieran necesitado para sobrevivir sin agobios, y probablemente no hubiese resultado demasiado difícil que constituyeran el embrión de una colonia humana alejada de los agobiantes problemas del resto del continente.

–Seríamos Robinsones –señaló al fin la *señorita* Margaret sonriente–. Los Robinsones de África.

–¿Quiénes son esos «robinsones»? –quiso saber Ifat.

–Robinson Crusoe fue un hombre que vivió muchos años en una isla desierta –replicó sonriente su maestra–. Era muy habilidoso, por lo que consiguió organizarse una vida bastante cómoda. –Sonrió a los tiempos pasados–. Recuerdo que me regalaron el libro siendo muy pequeña y me apasionó.

–Cuéntenoslo –le rogó al instante la curiosa «Reina Belkiss».

–¿Ahora...? –se sorprendió.
–¿Por qué no?
–Es muy tarde.
–¡Por favor! –suplicaron varios niños al unísono.

Se encontraban reunidos en torno a la hoguera tras haber disfrutado de una pantagruélica cena a base de roja carne de cob y huevos asados, y aunque el espeso humo con que intentaban alejar a los mosquitos escocía los ojos y obligaba a toser, se sentían tan felices por haber llegado hasta allí, y tan satisfechos por seguir con vida, que la *señorita* Margaret decidió aceptar la invitación y hacer un somero relato de cuanto recordaba sobre las apasionantes aventuras del animoso náufrago de la isla de Juan Fernández.

Lógicamente, lo primero que se vio obligada a hacer fue explicar a unos niños que habían nacido en un perdido valle de Abisinia y no habían visto nada más que montañas y desiertos, lo que era el mar, y hasta qué punto podía convertirse en algo grandioso, cruel y solitario.

En un afán por hacerles entender que el espíritu humano es el único capaz de vencer todas las adversidades a condición de conservar la fe en sí mismo sin dejarse abatir, por más que el destino se empeñe en aplastarle, les habló luego de «Viernes», de los feroces caníbales, y del valor de un hombre decidido a soportarlo todo con singular entereza, y aunque al concluir su relato la mayoría dormía, no le importó porque abrigaba el convencimiento de que sus palabras no habían caído en saco roto, y por más profundo que fuera su sueño, muchos de ellos estarían soñando con el mar y con aquel barbudo vestido de pieles que con el mismo ánimo se enfrentaba a los salvajes que a la más espantosa soledad.

Tres días más tarde descubrieron que compartían la isla con una pareja de rinocerontes y una familia de búfalos de impresionante aspecto, y como no era aquella una compañía que les agradara en exceso, decidieron que había llegado el momento de vadear el estrecho brazo de agua que les separaba del islote más próximo.

De isla en isla y de laguna en laguna reanudaron su camino hacia el oeste siguiendo al sol hacia el interior de un continente de cuyas auténticas dimensiones no tenían una idea demasiado clara, aunque abrigando la esperanza de que en algún rincón perdido de semejante inmensidad encontrarían un lugar en el que poder asentarse para siempre.

No tenían la más mínima prisa, y como el agua y los alimentos abundaban, su marcha se convirtió en un paseo tranquilo y casi alegre que además les permitía descubrir cómo era el mundo, y qué ingente cantidad de criaturas tan distintas lo poblaban.

Al fin un caluroso atardecer se toparon con un diminuto senderillo plagado de huellas humanas que siguieron hasta desembocar en un amplio claro cuyo extremo aparecía ocupado por una gigantesca carpa de lona ante cuya entrada dos negros y un blanco les observaban como si les vieran surgir de la mismísima boca del infierno.

–¡La gran puta! –exclamó estupefacto un griego altísimo y completamente calvo que poco después dijo llamarse Nik Kanakis–. ¿De dónde coño salen?

–De Etiopía.

La misma cara de incredulidad hubieran puesto de haberles respondido que provenían de la luna, y pese a que se trataba de tres personajes evidentemente malencarados y con aspecto de facinerosos, de inmediato se mostraron amables, ofreciéndoles con toda naturalidad café, azúcar, harina y un sin número de exquisiteces de las que hacía tiempo que habían olvidado incluso el sabor.

Esa misma noche no demostraron el más mínimo recato al confesar que se dedicaban a la caza furtiva, lo cual se advertía en el acto al observar la ingente cantidad de colmillos de elefante, cuernos de rinoceronte, cornamentas de búfalo y pieles de todo tipo que se amontonaban en el interior de la carpa o se secaban a la sombra de los árboles.

Hacían referencia a su peculiar oficio, no como si se tratase de un delito severamente castigado, sino más bien de una actividad perfectamente lógica y natural, aunque a menudo malinterpretada por unas obtusas autoridades que no tenían ni la más mínima idea de lo que en verdad ocurría en aquel perdido rincón del universo.

–Aquí hay tanto animal salvaje –argumentó el griego que, pese a su nefasto aspecto, daba la impresión de poseer una notable cultura– que por muchos que matásemos jamás se agotarían. Salvo los «rinos» (que ya nos preocupamos de no esquilmar para ayudar a mantener los precios), el resto abunda a tal extremo que ni cien de nosotros conseguiríamos diezmarlos. –Sonrió con picardía–. ¿Qué tiene entonces de malo que nos ganemos la vida si al fin y al cabo de algo tienen que morir?

–Pero en el resto de África hay muchas especies a punto de desaparecer –señaló la *señorita* Margaret.

–El resto de África es el resto de África, y el Sudd es el Sudd –replicó uno de los indígenas, al que los otros llamaban simplemente *No*–. Y pasarán mil años antes de que nadie se establezca en estos lodazales...

La *señorita* Margaret pareció llegar a la conclusión de que más valía haberse tropezado con furtivos amistosos que con soldados hostiles, por lo que se limitó a agradecer las incontables amabilidades que les dispensaban, para cambiar de tema y tratar de averiguar qué posibilidades tenían de salir de aquel laberinto sin perderse una vez más en el camino.

–Ahora muy pocas –fue la sincera respuesta–. Las aguas aún están altas y nos encontramos prácticamente aislados. Pero en cuanto llegue «La Seca» vendrán a buscarnos en camiones.

–¿Podremos ir con ustedes?

–¡Naturalmente!

–¿Adónde?

–A Chad –replicó de inmediato Nik Kanakis–. Allí las autoridades son mucho más comprensivas que en la República, sobre todo cuando se trata de animales que no han sido abatidos dentro de sus fronteras.

–Pero a nosotros no se nos ha perdido nada en Chad.

–Tampoco en la República, supongo –fue la humorística respuesta del griego–. ¿O sí?

–No, desde luego –admitió ella–. Nada en absoluto.

–¿Cómo es Chad? –inquirió de improviso Menelik Kaleb.

El griego le observó con fijeza, y se diría que él mismo se estaba haciendo esa pregunta.

–Lo que en verdad debe preocuparte no es cómo es Chad –replicó al fin–, sino cómo es la gente de Chad, y te aseguro que los chadianos son infinitamente más amables que los centroafricanos.

–¿Lo dice porque les permiten traficar con colmillos de elefantes y cuernos de rinoceronte? –inquirió la *señorita* Margaret con marcada ironía.

–No. Más bien lo dice porque duda, y con razón, de que el gobierno centroafricano sienta la más mínima compasión por un grupo de niños llegados de Etiopía –intervino el otro indígena, un hombretón con el rostro cubierto de cicatrices rituales, y que respondía al nombre de M'Soc–. El ejército elimina sin hacer averiguaciones a quien sospecha que puede causarle problemas, mientras que los chadianos solemos ser mucho más tolerantes, puesto que Chad ha sido siempre el centro geográfico del continente, y el punto en el que han coincidido desde muy antiguo todas las culturas y todas las ideologías.

–¿Y qué podemos hacer nosotros en Chad? –quiso saber el siempre práctico Menelik.

–Elegir un camino. –El chadiano sonrió mostrando su maltrecha dentadura–. Pero si prefieren que les dejemos en la República mejor para nosotros.

La calva cabeza del griego, a la que parecía haber

sacado brillo con un trapo, se agitó de un lado a otro y chasqueó la lengua con pesimismo.

–Flaco favor les haríamos, y me remordería la conciencia por el resto de mi vida si no insistiera –dijo, señalando a continuación a su otro compañero–. *No* es un auténtico centroafricano; un zarguina, nacido al otro lado de la frontera, y aunque le aprecio, debo reconocer que sus compatriotas tienen menos sentido de la hospitalidad que un búfalo en celo. –Golpeó con el codo al aludido, que miraba al suelo con gesto avergonzado–. ¿Me equivoco...?

–Es que somos un país pequeño, siempre expoliado por sus vecinos –fue la respuesta–. Primero nos jodieron los traficantes de esclavos y más tarde los franceses.

–No te estoy preguntando por el origen del problema, sino por sus consecuencias –fue la casi humorística respuesta–. Y aunque es cierto que os han jodido mucho, también lo es que más os jodéis vosotros mismos desde dentro. –Se volvió a la *señorita* Margaret–. Cuentan con más de treinta etnias diferentes, y todas se odian. –Hizo un gesto de rechazo con la mano–. Eso no es un país –concluyó–. Es un auténtico avispero.

–¿Y Chad es tranquilo?

–¿Tranquilo...? –repitió Nik Kanakis divertido–. En África no existe un solo país tranquilo, señora. Todo el mundo cree tener una estupenda razón para darle por el culo a su vecino, pero al menos en Chad los de un bando están al norte y los del otro en el sur, no como en el resto del continente, en el que los enemigos andan siempre entremezclados.

–Eso es lo que ocurre en Etiopía –admitió Menelik Kaleb–. Nunca sabemos quién pertenece a un bando y quién a otro.

–Y en África nunca lo sabrás.

Al día siguiente, cuando los tres furtivos salieron a cazar muy temprano, la *señorita* Margaret se reunió en cónclave con los muchachos mayores en un intento por dilucidar hasta qué punto debían seguir el consejo de dirigirse a Chad.

–Parecen sinceros –fue lo primero que dijo–. Y no creo que exista razón alguna para que traten de engañarnos. Lo más cómodo para ellos sería dejarnos aquí y que nos las arregláramos como buenamente pudiéramos –les dirigió una larga mirada como tratando de calibrar hasta qué punto estaban de acuerdo con su opinión–. Si se toman la molestia de llevarnos a Chad, supongo que será porque imaginan que es lo mejor para nosotros.

–Parece lo lógico –admitió Bruno Grissi–. Pero no me agrada la idea de viajar en compañía de cazadores furtivos por un país que ellos mismos admiten que es hostil. –Se manoseó repetidamente la punta de la nariz en un gesto muy suyo y que casi siempre indicaba que estaba nervioso, preocupado, o que pensaba decir una mentira–. ¿Qué ocurrirá si nos agarran en unos camiones cargados de colmillos de elefantes?

–Que nos cortarán el cuello.

–Eso no tiene ninguna gracia –protestó ácidamente la *señorita* Margaret.

–No lo he dicho como gracia –puntualizó Menelik Kaleb–. Sino porque en verdad creo que es posible que así ocurra. Si soldados de nuestro propio país degollaron a recién nacidos sin razón aparente, ¿por qué debemos suponer que otros soldados (y además extranjeros) no nos vayan a degollar?

Era aquélla una delicada pregunta sobre la que convenía meditar seriamente, y así debió de entenderlo la *señorita* Margaret, que optó por posponer cualquier decisión hasta el momento de una partida que al parecer se encontraba aún harto lejana.

–De momento lo único que podemos hacer es tratar de recuperar fuerzas y procurar que los que están delicados se repongan.

Por suerte, los furtivos se encontraban magníficamente pertrechados de medicinas, que pusieron de inmediato a su servicio, y como la comida era sumamente abundante, los chiquillos comenzaron a recuperar peso con extraordinaria rapidez.

Cabría imaginar que para unos rudos «carniceros» que se pasaban la mitad del año matando y desollando animales sin más compañía que gigantescos cocodrilos y nubes de mosquitos, la presencia de una alborotada tropa de mocosos y una amable señora que además cocinaba bastante mejor de lo que ellos solían, constituía una positiva aportación a sus duras existencias, por lo que se sentían en cierto modo agradecidos por el hecho de que hubieran irrumpido en ellas de forma inesperada.

–Yo tengo cinco hijos –le confesó un día el chadiano M'Soc a la *señorita* Margaret–. Y es muy posible que a mi regreso ya me haya nacido otro. Les echo de menos –añadió–. Y me gustaría que si algún día se vieran en una situación como ésta, alguien les tendiera una mano.

–¿Y por qué no cambia de oficio y pasa más tiempo con ellos? –sugirió ella.

–¿Para hacer qué? –inquirió el otro–. Mi país es uno de los más pobres del mundo, y cultivando la tierra no conseguiría alimentar a mi familia ni tres meses al año. Lo único que sé hacer es cazar, y aquí sobra la caza. –Hizo un amplio gesto indicando la inmensidad de cuanto le rodeaba–. ¿Qué tiene de malo que mate unos cuantos elefantes para dar de comer a mis hijos? Mis antepasados lo vienen haciendo desde hace milenios...

–Pero es que cada día quedan menos elefantes y sería una pena extinguirlos.

–Peor sería que murieran mis hijos, ¿no cree? Y en mi pueblo, cuando un viejo elefante se introduce de noche en un campo de maíz, devora toda una cosecha. No me parece justo, y si tanto les gustan los elefantes a los blancos que se los lleven a su país, aunque ya me explicará qué cara van a poner cuando se les coman en una noche todo un campo de trigo.

–En África aún hay sitio para todos.

–¿Durante cuánto tiempo?

–No lo sé.

–Tampoco yo, pero mientras lo averiguo no me planteo si lo que hago está bien o mal. Lo hago y basta.

Y lo hacía muy bien, sin duda alguna, pues raro era el día que alguno de los tres furtivos no regresaba de sus correrías por los islotes vecinos con un hermoso par de colmillos, un valiosísimo cuerno de rinoceronte o la moteada piel de un leopardo.

Solían aprovechar de igual modo sus salidas para abatir venados, y en algunas ocasiones los muchachos mayores les acompañaban para cargarlos de regreso al campamento, abasteciendo así de carne fresca y abundante a un montón de insaciables bocas que parecían capaces de devorar todo cuanto se les pusiera al alcance de la mano.

Menelik Kaleb, que seguía siendo el más animoso, y el que más curiosidad sentía siempre por todo, se iba convirtiendo al lado de los tres hombres en un experto cazador y un hábil «pistero», ya que nunca parecía cansarse de hacer todo tipo de preguntas sobre las costumbres de las bestias y sobre cuanto llamaba su atención de aquel arriesgado oficio.

–¿Cómo se explica... –inquirió una mañana en que Nik Kanakis acababa de abatir un enorme elefante a la orilla del cenagal– que un animal tan pesado pueda avanzar por un terreno tan blando, si nosotros nos estamos hundiendo en el fango hasta los tobillos?

–Porque los elefantes de pantano consiguen abrir mucho los dedos de sus patas, que están unidos entre sí, formando una superficie muy ancha, de tal modo que su presión sobre el terreno es muchísimo menor que la nuestra pese a la diferencia de tamaño –le indicó pacientemente el calvo–. Reparten el peso por igual, y cuando avanzan por un terreno blando jamás levantan una pata sin tener las otras tres perfectamente asentadas.

–Pero aun así caminan muy aprisa.

–Porque saben hacerlo de un modo instintivo. Sin embargo –añadió–, si trajeras aquí un elefante nacido en la pradera se hundiría, porque no está acostumbrado al fango. La gente cree que todos los elefantes son iguales, pero existe una notable diferencia de comportamiento entre los que han crecido en la selva, la pradera o los pantanos.

–¿Y cómo se aprende a distinguirlos?

–Matándolos.

Era una cruel respuesta desde luego, pero era en cierto modo la más correcta, puesto que tan sólo persiguiéndolos y estudiándolos con el fin de destruirlos, se conseguía aprender todo cuanto se refería a las bestias.

De ese modo, cazando, comiendo y descansando transcurrió un largo mes en el que el nivel de las aguas descendió a ojos vista, dejando al descubierto anchas franjas de terreno en el que nacía de inmediato una hierba verde y jugosa que hacía las delicias de las manadas de antílopes y gacelas que día a día aumentaban en número hasta el punto de que podría creerse que se habían dado cita allí todos los animales que se sentían acosados en el resto del continente.

La vida parecía explotar en derredor con un ímpetu incontenible, y si no hubiera sido por el martirio de los mosquitos, cabría pensar que en verdad era aquel un perdido rincón en el que a la *señorita* Margaret y los niños no les hubiera importado establecerse para siempre, lejos de la violencia, la miseria y los odios del resto del planeta.

Sin embargo, sabían que muy pronto tendrían que marcharse.

Llegaron en tres anchas embarcaciones de fondo muy plano, y eran cinco indígenas y un libio de blanco *jaique* y blanco turbante que se mostró profundamente contrariado al descubrir a una mujer y una pandilla de desharrapados chicuelos en un lugar en el que tan sólo esperaba encontrar a tres furtivos y un valioso montón de «trofeos» de caza.

–¿Y qué vamos a hacer con esos mocosos? –fue lo primero que quiso saber.

–Llevarlos a Chad –replicó con absoluta naturalidad el griego Nik Kanakis–. Como comprenderás, no podemos dejarlos aquí.

–¿Por qué?

–¡Amín...!

Amín Idris es-Senussi, que alardeaba de ser descendiente directo del primer y único rey de Libia enviado al exilio por el golpe de Estado del coronel Gadaffi, pasó un largo rato limpiándose las oscuras gafas de sol de las que no solía desprenderse ni aun de noche, para alzar al fin el rostro hacia su amigo y socio.

–No sería mala idea –musitó–. No mucho peor que obligarles a arrastrarse a través de la selva centroafricana –se colocó de nuevo las gafas–. ¿Les has explicado el peligro que corren viniendo con nosotros?

–No exactamente.

–Pues deberías hacerlo –sugirió, pero casi al instante pareció desentenderse del tema para pasar a concentrarse en el estudio de la ingente cantidad de «trofeos» que se amontonaban en la cabaña–. ¡Buen trabajo! –reconoció con manifiesta satisfacción–. Aquí hay mucho dinero.

–¡Mucho...! –ratificó su socio con orgullo–. Y hace un par de días he visto un viejo macho con más de sesenta kilos de marfil en los colmillos. Tal vez mañana lo mate.

–¡Olvídalo! Mañana nos vamos.

El griego pareció molestarse.

–Shepard pagaría muy buen dinero por esos colmillos –aventuró, pero al fin pareció comprender que ya era tiempo de abandonar el cenagal–. ¡Está bien! –mascculló–. Lo mataré el año que viene.

–El año que viene será el año que viene, si Alá así lo quiere –fue la respuesta–. Y tengo la impresión de que para entonces nuestro buen amigo Shepard tan sólo podrá colocarse los colmillos sobre la tumba. –Hizo un curioso gesto con el que parecía pretender abarcar cuanto veía–. Ahora lo que importa es llevarnos todo esto.

–Y a los niños...

–Y a los niños –aceptó de mala gana el libio–. Espero que no tengamos que arrepentirnos.

–Respondo por ellos.

El día siguiente lo emplearon en estibar la carga poniendo especial cuidado a la hora de distribuir el peso de los ocupantes, ya que al parecer tendrían que atravesar por zonas en la que los hipopótamos proliferaban en tal cantidad, que se corría el riesgo de que les hicieran zozobrar aun sin proponérselo.

–¡Tendréis que permanecer muy quietos! –advirtió Nik Kanakis inusualmente amenazador–. Al que nos ponga en peligro lo tiro al agua para que se lo coman los cocodrilos. ¿Está claro?

–Muy claro... –replicó con toda calma la *señorita* Margaret–. Aunque no entiendo a qué viene asustar a los niños. No son estúpidos.

–Ya sé que no lo son... –admitió el griego–. Pero a menudo los nervios juegan malas pasadas cuando los hipopótamos se aproximan demasiado. –Sonrió enseñando mucho los dientes de arriba como si se tratara de un caballo y añadió–: Recuerdo que cuando llegaron los primeros hidroaviones al lago Chad, eran tantos los hipopótamos que se asomaban a verlos, que los patines tropezaban contra ellos y el avión capotaba. –Rió ampliamente–. Teníamos que disparar contra ellos antes de que los aviones llegaran, pero a los pocos días los disparos ya no les asustaban. Luego les tirábamos bombas de mano despanzurrando a unos cuantos, pero los malditos continuaban asomando la cabeza, por lo que al fin las autoridades decidieron construir una pista de aterrizaje en tierra firme... Esos jodidos «hipos» son muy estúpidos –concluyó–. Y cabezotas.

Curiosamente, más que Menelik Kaleb, Ajím Bikila, Bruno Grissi o la propia *señorita* Margaret Mortimer, era el griego Nik Kanakis quien mejor se las ingeniaba a la hora de animar a los más pequeños, incitándoles a seguir luchando por irresolubles que se les antojaran los problemas, y casi siempre lo conseguía a base de relatar tan apasionantes y truculentas historias sobre lo que había sido su dramático pasado, que –de creerle– no cabía por menos que aceptar que había perecido en tres incendios, dos terremotos, media docena de naufragios y una innumerable cantidad de guerras civiles en las que ningún otro ser humano normal hubiera conseguido sobrevivir ni por asomo.

Era no obstante un hombre que mentía con tal lujo de detalles y tan fastuosa memoria, que cuando se le escuchaba no quedaba otro remedio que aceptar que tal cúmulo de disparatadas aventuras le habían ocurrido realmente, por más que al analizarlas con mayor detenimiento se llegara a la conclusión de que ni en mil años podría un ser humano vivir la mitad de semejantes hazañas.

Sin embargo, cuando se le veía moverse sigilosamente por el pantano, seguir las huellas de un leopardo, atrapar de un simple manotazo una enorme carpa o abatir de un tiro en la frente un antílope a más de trescientos metros de distancia, se llegaba a la conclusión de que pese a su agresiva calva y sus amarillentos dientes, que recordaban las teclas de un viejo piano, aquel tipo podía ser realmente capaz de saltar de un petrolero en llamas, volar un polvorín en Biafra, o fugarse de una cárcel egipcia a través de las cloacas.

–La vida de un auténtico hombre libre es muy difícil –aseguró una noche–. Y para conseguir soportarla tenéis que endureceros desde ahora. –Recuperó el tono que solía emplear para sus fantásticas historias–. Recuerdo que cuando acababa de cumplir siete años un grupo de desertores turcos invadió mi pueblo. Mi padre estaba pescando, y mi madre, que era muy guapa…

Por ahí continuaba en un relato que dejaba boquiabiertos a los presentes –incluido el escéptico Amín Idris es-Senussi– y por más que siempre hubiera odiado las mentiras, la *señorita* Margaret agradecía en el fondo de su alma que aquel redomado embaucador fuese dueño de tan prodigiosas dotes de convicción, puesto que cada vez que concluía una de sus rocambolescas narraciones los chicos parecían abrigar el convencimiento de que cuanto ellos mismos habían padecido hasta el momento era cosa de risa comparado con la turbadora existencia del fantasioso griego.

–Usted se haría rico escribiendo novelas de aventuras –no pudo menos que confesarle la *señorita* Margaret una mañana en que tomaban café bajo la carpa–. Tiene una imaginación prodigiosa.

–No es imaginación, señora –fue la descarada respuesta–. Es la historia de mi vida… –Sonrió abiertamente–. Pero así como no me importa hablar sobre mi pasado, creo que sentiría un gran pudor a la hora de escribirlo. –Chasqueó la lengua fastidiado–. Además supongo que mucha gente no se lo creería.

–Si escribe como habla le creerán –puntualizó ella segura de sí misma–. Jamás conocí a nadie con tanto poder de convicción.

–La verdad se abre camino por sí sola –replicó el furtivo con absoluto desparpajo–. Es la mentira la que se ve obligada a buscar oscuros senderos por los que acaba extraviándose.

–Verdad o mentira, qué poco me importa –le hizo notar ella–. Le agradezco lo que me está ayudando con los chicos. Algunos me preocupan.

–Lo comprendo. A mí también me preocupan. ¿Qué piensa hacer con ellos? –quiso saber.

–De momento mantenerlos con vida, que ya es bastante –señaló la maestra consciente de la dificultad de su empeño–. Quizá, con mucha suerte, más adelante consiga que alguna asociación benéfica nos brinde asilo en Europa.

–Lo veo difícil –le hizo notar él con inocente naturalidad.

–Ya me lo han advertido –fue la respuesta–. Un médico del campamento de refugiados me aseguró que no creía que nos aceptaran en ninguna parte.

–No le sorprenda. Cuando hace ya casi treinta años llegué a África, habría poco más de un millón de refugiados. Ahora son siete millones, sin contar los quince millones de desplazados que no pueden volver a sus lugares de origen por motivos políticos, religiosos o de simple supervivencia. Todos sueñan con cruzar a Europa, pero en Europa ya no hay sitio para tanto hambriento porque también a ellos les sobran los hambrientos.

–¿Y qué futuro le espera a la humanidad si así andan las cosas? –quiso saber una desasosegada *señorita* Margaret.

–¿Futuro? –se sorprendió el calvo–. Perdone que le diga, señora, que a mi entender «futuro» es un concepto demasiado femenino. Son las mujeres las que se pasan la vida preocupándose por el futuro. Tal como están las cosas, de lo único que hay que preocuparse es de seguir respirando.

–Me parece muy triste.

–Pero real.

–Sin embargo yo necesito aferrarme a la idea de que puedo conseguir un destino mejor para mis chicos –le hizo notar la maestra–. De lo contrario nunca me habría embarcado en esta aventura.

–Pues ya va siendo hora de que deje de soñar –puntualizó Kanakis–. Le aconsejo que a partir de hoy tan sólo se preocupe de mañana.

–Es usted un hombre extraño –admitió la *señorita* Margaret–. Y lo que no entiendo es que haya acabado de cazador furtivo en el último rincón de África.

–La cosa tiene una explicación muy simple, señora –comenzó el otro en el apasionante tono casi exclusivo de sus relatos–. Todo empezó cuando me cansé de ser mercenario y me salió mal un negocio que monté con un amigo que juraba haber encontrado una mina de diamantes en Benin. Por aquel entonces, yo...

Daba gusto escucharle, pero la *señorita* Margaret sabía que corría el riesgo de perder todo un día sentada bajo la carpa, al igual que los nativos solían perder horas de sueño a la luz de una hoguera, puesto que si había algo que en verdad amaran aquellos africanos que aún no tenían idea de lo que significaba un aparato de televisión, era el hecho de acomodarse en torno al fuego mientras en las tinieblas rugían los leones, para seguir boquiabiertos los relatos de algún buen «Contador de Historias» que acabara de llegar a la aldea.

La capacidad de retener la atención a través del simple empleo de la palabra, constituía un arte casi tan viejo como la especie humana, por lo que aún existían grandes extensiones del continente en las que los «Contadores de Historias» seguían siendo profundamente admirados, recibiéndoseles con grandes muestras de respeto dondequiera que llegasen.

Nik el griego habría sido sin lugar a dudas una estrella rutilante en el firmamento de los cuentistas transhumantes, y tal como él mismo aseguraba, en más de una ocasión había logrado sobrevivir a base de embobar a sus oyentes sin más ayuda que su prodigiosa palabrería.

No resultaba extraño por tanto que, a la hora de trepar a las embarcaciones, la mayoría de los niños pretendieran hacerlo a bordo de aquella que él ocupaba, convencidos como estaban de que de ese modo harían un viaje muchísimo más ameno y agradablc.

Resultaba en cierto modo desconcertante que alguien que aseguraba haber matado a tanta gente –y de hecho probablemente casi la mitad de esas muertes eran ciertas– y que al propio tiempo no demostraba tener la más mínima compasión para con unos animales a los que abatía con impasible naturalidad, pudiera parecer no obstante tan «humano» en el trato, como si en lugar de con un furtivo ex mercenario se estuviera hablando con un misionero o un naturalista.

A todo lo largo del trayecto a través de ríos y lagunas, les fue explicando a los niños la vida y costumbres de la mayoría de los seres vivientes que encontraban en su camino, lo cual no era óbice para que de tanto en tanto sacara el rifle de la funda y le pegara a uno de ellos un tiro en la cabeza.

Al tercer día cesó no obstante por completo de disparar; poco más tarde se prohibieron incluso las conversaciones en voz alta, y no resultaba extraño que M'Soc trepase a menudo a lo alto de una palmera con el fin de otear los islotes vecinos cerciorándose de que no se advertía presencia humana alguna.

La tarde del cuarto día la pasaron ocultos en un cañaveral aguardando a que dos piraguas de pescadores que lanzaban sus redes en una pequeña laguna regresasen a lo que ya parecía ser definitivamente tierra firme, y esa misma noche atracaron cerca de un bosquecillo en el que se ocultaban dos enormes camiones, junto a los que montaba guardia un esmirriado hombrecillo de nombre tan largo –Lamberederede–, y estatura tan corta que no podía ocultar en forma alguna su origen pigmeo.

Toda la noche transcurrió en un agitado ir y venir para trasladar la carga de las piraguas a los camiones, y con el amanecer se sacaron las embarcaciones a tierra para ocultarlas en el mismo lugar que habían ocupado hasta ese momento los vehículos.

Por último, Amín Idris es-Senussi entregó al diminuto Lamberederede un moderno transmisor de radio, y al instante el pigmeo desapareció a buen paso por una estrecha pista forestal que muy pronto comenzaba a trepar hacia tierras altas.

Curiosamente, cuando al fin todo pareció dispuesto para la marcha, nadie demostró tener la más mínima prisa, puesto que la mayoría de los furtivos se dedicaron a jugar a las cartas a la sombra de los camiones.

–¿Qué ocurre ahora? –quiso saber la desconcertada *señorita* Margaret–. ¿Por qué no nos vamos?

–Porque hay que esperar la orden –señaló con naturalidad el griego.

–¿De quién?

–Del enano –fue la respuesta–. Tiene que avanzar por el interior del bosque, no lejos del camino, y cuando se cerciore de que no hay peligro nos avisará. –Indicó con un gesto de la cabeza los vehículos–. Con lo que llevamos ahí no nos podemos permitir el lujo de correr riesgos.

–Usted disfruta con esta clase de vida, ¿no es cierto?

–Naturalmente –rió el calvo–. Recuerdo que una vez intenté buscarme un empleo «normal», de vendedor de coches, y aprovechando que acababa de ganar el Gran Premio de...

–¡Alto ahí! –suplicó la *señorita* Margaret–. No empiece con sus historias, que cuando empieza no hay modo de que acabe. Me he limitado a preguntarle si le gusta esta clase de vida y usted ha dicho que sí. Punto. Pasemos a otra cosa. ¿Qué ocurrirá si los soldados centroafricanos nos descubren?

–No lo harán.

–¿Y si lo hacen?

–Si son menos que nosotros, los mataremos. Si son más, nos matarán y se quedarán con la mercancía.

–¿Así de fácil?

–¿Qué quiere que le diga? África es así.

–*Su* África es así.

–Y la suya, señora –le rebatió el griego–. De lo contrario no estarían ustedes aquí. Si esos soldados nos matan, lo harán porque somos furtivos y llevamos un millón de dólares en «trofeos». –Abrió las manos como si aquélla se le antojara la explicación más lógica del mundo–. ¿Pero qué jodidas razones tenían los hijos de puta que arrasaron su aldea?

A la *señorita* Margaret le irritaba el lenguaje de un hombre que con frecuencia se mostraba injustificadamente soez, pero aun así le agradaba charlar con él, puesto que desde el lejano día en que murió su padre apenas había tenido ocasión de hablar de algo que no fuera las cosechas que tanto preocupaban a Tulio Grissi, o la educación de unos niños que en mucha menor proporción preocupaban a sus respectivos padres.

Dejando a un lado sus fantásticas historias, el calvo de los enormes dientes de caballo era sin lugar a dudas un curioso personaje interesante por su particular concepto del mundo y de sus gentes, por lo que a la ya madura maestra le ayudaba a olvidar las incontables preocupaciones que le rondaban por la mente.

Poco más de dos horas más tarde resonó un pitido metálico y casi de inmediato se escuchó con total nitidez la ronca voz del pigmeo indicando que se pusieran en marcha.

Llamaba la atención que los motores de unos camiones tan potentes no emitieran apenas ruido, lo que obligaba a sospechar que habían sido preparados para ello, ya que de igual modo sorprendía que el que marchaba en último lugar arrastrara tras sí una pesada malla de acero cuyo principal objetivo era borrar en lo posible las huellas de los neumáticos.

–De ese modo nadie podrá determinar con exactitud cuánto tiempo hace que hemos pasado –fue la explicación que dio M'Soc a la pregunta que le hizo Menelik Kaleb–. Ni siquiera Lamberederede, que es el mejor «pistero» que conozco, conseguiría precisar si son rodadas de hace una hora o tres días.

Tal vez debido a esa razón la marcha era tan lenta que cuando algún pasajero se cansaba de estar sentado se limitaba a saltar a tierra y continuar a pie, siempre delante de los vehículos para que de ese modo se borraran también sus propias huellas.

Siendo cosa sabida que en la soledad del bosque la voz humana se percibe a grandes distancias y podía darse el caso de que algún campesino, cuya presencia le hubiera pasado desapercibida al pigmeo, rondara por las proximidades, Amín impartió órdenes estrictas de que a partir de un cierto punto se guardara absoluto silencio.

–Hay que ser precavidos –dijo–. Por ley los delatores tienen derecho a un porcentaje sobre el botín que obtiene la policía –señaló–. Aunque la mayoría de las veces lo único que consiguen es un tiro en la nuca.

–Exagera.

–¿Que exagero? –se ofendió el libio al tiempo

que negaba una y otra vez con la cabeza–. Tenga en cuenta que hasta no hace mucho aquí mandaba el emperador Bokassa; una bestia que se comía el corazón de sus enemigos. Los franceses consiguieron derrocarle, pero parte del ejército continúa fiel a sus métodos.

A medida que se iban aproximando a la auténtica frontera, que a decir verdad no era más que una imaginaria línea que atravesaba la selva, la tensión aumentaba, por lo que a nadie le pasó desapercibido el hecho de que, si bien a través de la radio el minúsculo Lamberederede enviaba cortos mensajes que invitaban a conservar la calma, la mayoría de los furtivos daba muestras de un notable nerviosismo.

–Si ocurriera algo escondeos en la selva –ordenó la *señorita* Margaret a los más pequeños–. Tiraos bajo un matorral y no os mováis de allí hasta que os llame.

La tensión no es por fortuna una emoción que consiga mantenerse demasiado tiempo asentada en la boca del estómago, y bastó con el hecho de que al pasar bajo un tupido árbol un pajarraco se cagara con singular puntería en la recta nariz de la «Reina Belkiss», para que estallara una sonora carcajada, lo que provocó que el resto del día transcurriera de un modo mucho más distendido.

Al atardecer abandonaron la sinuosa pista forestal para ocultarse entre unos zarzales, y tras cenar unas galletas y un poco de queso, se distribuyeron las guardias de tal forma que por lo menos hubiera siempre tres hombres armados alerta.

Estaba absolutamente prohibido fumar, y quien

quisiera hacer sus necesidades se veía obligado a cavar un profundo hoyo en la tierra para cubrir después los excrementos.

–¿A qué vienen tantas precauciones? –quiso saber Bruno Grissi–. Una mierda no es más que una mierda.

–Te equivocas hijo –le hizo notar M'Soc–. Tu mierda me indica cuánto tiempo hace que está ahí, e incluso puede decirme qué es lo que comiste. Y si consigo averiguar lo que comiste, sabré si eres blanco o negro. Y si me apuras incluso de dónde provienes.

–¡Anda ya!

–Te lo digo en serio –susurró el otro en un tono de voz casi inaudible–. Cuando han comido maíz o cualquier otro grano duro, los blancos lo suelen echar entero porque apenas mastican. Y si te fijas en los «mojones» de los beduinos, advertirás que casi siempre son muy compactos y apenas huelen porque beben muy poca agua. Casi nunca tienen gusanos, pero sin embargo las cagadas de un negro de la selva están plagadas de ellos y apestan a diablos a cinco metros de distancia.

–Nunca se me hubiera ocurrido –admitió el asombrado pecoso.

–¡Pues así es! –insistió el chadiano–. Tan cierto como que los blancos se limpian el culo con una piedra, los negros con una hoja, y los beduinos con arena. Ese detalle te servirá para saber «quién puso la cagada». Y en ocasiones «poner la cagada» puede costarte la vida.

Durante dos largos y fatigosos días avanzaron a paso de tortuga por olvidadas pistas forestales que subían y bajaban en un interminable cúmulo de pequeñas depresiones, hasta que al fin alcanzaron un punto en el que el sendero se veía obligado a atravesar el centro de una aldea de unas doscientas cabañas de paredes de barro y techo de paja.

–¿Qué vamos a hacer ahora? –quiso saber de inmediato la *señorita* Margaret al comprender que no existía forma alguna de eludir aquel paso.

–Llegar a un acuerdo con el gran jefe Teneré –fue la rápida respuesta de M'Soc–. Es primo lejano de *No*, y vendería a su padre por una buena piel de leopardo.

El gran jefe Teneré les recibió rodeado de toda la parafernalia propia de su alto cargo, y aunque resultó evidente que si se lo proponía el grupo de furtivos arrasaría el indefenso villorrio en un abrir y cerrar de ojos, tanto el griego como Amín Idris es-Senussi se mostraron humildes y casi serviles con un fantoche adornado de plumas y collares que más parecía sacado de un grabado del África de cien años atrás, que del África de finales del siglo XX.

–Siempre ha sido un payaso –murmuró muy por

lo bajo M'Soc mientras *No* dialogaba con su primo en el complejísimo dialecto zarguino bajo la atenta mirada de Nik Kanakis y el libio–. Un payaso y un cerdo, pero si enviase a uno de sus hombres al puesto militar de Voulou nos jodería vivos. Al norte existe un parque natural con una gran reserva de caza, y ahí suele haber mucha gente bien armada que no simpatiza con los furtivos.

–¿Cree que aceptará el trato? –intervino con voz trémula el jovencísimo Mario Grissi, a quien al parecer imponía un enorme respeto el severo rostro cubierto de cicatrices del gran jefe Teneré.

–Hasta ahora siempre lo ha aceptado –replicó el otro con naturalidad–. Le encanta que le supliquen, haciéndole creer que es muy importante, pero al final todo es cuestión de regatear el precio.

–¿Aún falta mucho para llegar a Chad?

–Bastante, hijo –admitió el otro con manifiesto pesar–. Por desgracia aún falta bastante.

Trepados en la parte alta del segundo de los camiones, la mayoría de los niños observaban con curiosidad la bufonesca ceremonia que se llevaba a cabo a la sombra de una gigantesca higuera cuyas ramas se extendían hasta rozar los techos de cuantas cabañas rodeaban una ancha plaza que aparecía materialmente tapizada de hombres, mujeres y niños que observaban a su vez a los forasteros, ya que aquél debía ser el acontecimiento más importante que tenía lugar en la aldea a todo lo largo del año.

Los hombres aparecían acuclillados fumando en silencio largas cachimbas de barro, mientras las mujeres se entretenían en despiojar a los niños, con un ojo en las liendres y otro en los preciados tesoros que se amontonaban en los vehículos.

Por fin el pomposo cacique se puso en pie, avanzó hasta el primero de los camiones y ordenó a dos de sus hombres que desplazasen la carga para poder hacerse una idea de su contenido.

O no tenía la más mínima prisa, o le complacía regodearse en aquél, su gran momento de gloria, puesto que dedicó más de media hora a la inspección, para desplazarse luego con estudiada magnificencia al segundo de los camiones, del que M'Soc había obligado a descender a los niños.

La ceremonia se repitió por segunda vez con idéntica prosopopeya y parsimonia, pero ante la sorpresa de todos los presentes, al concluir su examen el gran jefe Teneré se limitó a alzar el brazo para señalar a la «Reina Belkiss», que estaba sentada en el estribo del vehículo.

–Ella –dijo.

Se hizo un tenso silencio en el que por un momento nadie supo cómo reaccionar.

La «Reina Belkiss» seguía siendo una niña sin apenas formas de mujer, y tan sólo la extrema perfección de sus facciones, sus enormes ojos verdes, y su felina manera de moverse permitían hacerse una idea de la clase de belleza que probablemente llegaría a tener en un futuro que aún parecía harto lejano.

Que un hombre de más de cincuenta años y con veinticinco esposas a su disposición hubiese puesto los ojos en ella, prefiriéndola a un sinfín de riquezas, hablaba mucho en favor de sus gustos en cuanto al sexo débil se refería, pero situaba de inmediato el inevitable regateo en los límites del absurdo.

–Hazle comprender a ese cretino que la chica no está en venta –le indicó de inmediato el griego a *No*–. Me tacharán de muchas cosas, pero jamás permitiré que me acusen de traficante de esclavos.

El zarguino tradujo nerviosamente las indicaciones de su jefe, pero su emplumado primo se limitó a sonreír por primera vez mostrando dos pequeños diamantes que llevaba incrustados en sus colmillos de arriba e insistió en su idioma:

–No me la vende. Me la ofrece como esposa.

–¡Pero si es una niña...!

–No tengo prisa.

Estaba claro que aquel mastuerzo no tenía la más mínima prisa, puesto que, mientras regresaba a tomar asiento bajo la higuera, pareció dar por zanjada la negociación, seguro de que los hombres y mujeres que se acuclillaban en torno a los camiones impedirían que éstos iniciaran la marcha sin haber pagado el inusual peaje que acababa de exigir.

La *señorita* Margaret acudió en el acto a tomar parte en las deliberaciones de los furtivos que parecían, por primera vez desde que los conocieran, absolutamente desconcertados.

–Supongo que ni por lo más remoto se les ocurrirá tomar en serio las pretensiones de ese hijo de puta... –señaló en un tono desconocido en ella–. Antes tendrían que pasar por encima de mi cadáver.

–Cuando a ese «hijo de puta» se le mete algo en la cabeza, es más terco que un rinoceronte –fue la firme respuesta del griego–. Pero descuide. Esta vez no pienso permitir que se salga con la suya.

–Te advertí que nos traerían problemas –le hizo notar agriamente Amín Idris es-Senussi–. «Quien con niños se acuesta, cagado se levanta.»

–Pues con esa niña no se va a acostar ese cerdo –puntualizó el otro lanzando un sonoro escupitajo–. Y como se ponga tonto le dejo seco de un tiro en los morros haciendo que se trague sus malditos diamantes.

–Si le matas habrá mucho jaleo –intervino de inmediato *No*–. La mayoría del pueblo le odia, pero conozco a mi gente y me consta que no aceptarán una ofensa semejante.

–¿Y que otra cosa podemos hacer?

–Negociar.

Pero tal como aventurara el griego, negociar con el gran jefe Teneré era como tratar de enseñar a volar a un hipopótamo, puesto que, sentado en su tosco «trono» de ébano, se mostraba ajeno a todo cuanto no fuera espiar hasta el más mínimo gesto de la preciosa criatura que parecía haberle trastornado.

–Ese tarado no esperará a que se haga mujer –sentenció Nik Kanakis escupiendo de nuevo con una extraña habilidad que le permitía acertarle a una hoja a tres metros de distancia–. No esperará ni una noche.

–Pues si no le mata usted, le mataré yo –sentenció la *señorita* Margaret con sorprendente calma–. No pienso permitir que le ponga la mano encima a la «Reina».

Caía la tarde, la oscuridad se aproximaba velozmente, y la sola idea de pasar la noche rodeados de hombres que parecían estatuas humeantes, e impasibles mujeres que no cejaban en su tarea de despiojar cabezas, empezó a poner nerviosos a unos furtivos acostumbrados a enfrentarse a toda clase de peligros, pero a los que la insólita situación parecía desbordar.

–No me gusta esto –masculló un malhumorado M'Soc que había cambiado de actitud en cuestión de minutos–. No me gusta nada. Aprecio a *No*, pero sus parientes tienen muy mala fama. Va a ser una noche muy, muy larga.

–Más larga sería para la niña –fue la respuesta–. ¡Maldito pervertido! Si se pone pesado le corto los huevos.

–¡Señora...!

–¡Ni señora, ni leches! Si ese cerdo imagina que he atravesado media África y he conseguido salir con vida del Sudd para que abuse de mi Belkiss está muy equivocado. No sabe con quién se la está jugando.

Lo supiera o no, lo que resultaba evidente era el hecho de que el gran jefe Teneré parecía haber pronunciado su última palabra, y podría asegurarse que lo que ahora estaba en juego no era ya tanto su ansia de poseer a la inquietante adolescente, como su propia credibilidad a los ojos de sus «súbditos».

Llegado al punto al que había llegado, el libidinoso cacique debía haber caído en la cuenta de que más que la necesidad de una nueva esposa, era el concepto de su indiscutible autoridad lo que había puesto estúpidamente en juego, por lo que ahora se veía obligado a mantenerse firme en su decisión si pretendía continuar conservando el respeto de los hombres y mujeres que asistían al desarrollo de los acontecimientos.

–¡Escucha! –le espetó de improviso el calvo en un francés que sorprendía por su impecable acento, pero que destilaba una mal contenida ira–. Sé que fuiste sargento en Francia, y que por lo tanto me entiendes aunque finjas que no es así. Lo que estás exigiendo es ilegal.

El otro se limitó a mirarle como si se tratara de una simple cabra, para volverse a su primo, que se apresuró a traducir sus palabras casi tartajeando.

–El gran jefe Teneré rompió con los franceses hace ya mucho tiempo –balbuceó–. Y desde ese día se niega a hablar en su idioma. Y añade que, para nosotros, comprometerse con una niña no es delito aunque acabe de nacer. –Se encogió de hombros con gesto fatalista–. ¡Son costumbres!

–¡No las nuestras!

–¡Pero estamos en mi país!

–¡Me importa un carajo! –replicó el furibundo griego.

–Así no llegaremos a ninguna parte –le hizo notar *No* armándose de paciencia–. Mi primo advierte que aquí el delito no es casarse con niñas, sino traficar con cuernos de rinoceronte, de modo que somos nosotros los delincuentes y no él –apuntó con un claro tono fatalista–. Y lo malo es que tiene razón.

Oscurecía, y tras hacer un imperativo gesto a sus súbditos para que se quedaran donde estaban, el gran jefe Teneré se retiró a la enorme cabaña que dominaba la aldea desde un cercano otero.

Únicamente sus mujeres y dos de sus más fieles consejeros le siguieron.

–¿Y ahora...?

Amín Idris es-Senussi se volvió hacia la *señorita* Margaret que era quien había hecho la pregunta para replicar con hosquedad:

–Ahora recemos para que no nos pasen a cuchillo y se queden con la niña, las pieles y los camiones. –Le lanzó una dura mirada por encima de sus oscuras gafas–. ¿No le parece que más de veinte vidas son un precio excesivo por una virginidad que cualquier día se perderá tontamente?

–¡Pero ustedes tienen armas!

–De poco van a servir si nos atacan aprovechando la oscuridad.

–¿Les cree capaces?

–Poco importa lo que yo crea, señora –masculló el otro–. Lo que importa es lo que se le antoje a ese malnacido. Por mi parte, jamás he conseguido averiguar qué demonios pasa por la cabeza de un zarguino.

La *señorita* Margaret no supo qué responder, de modo que se limitó a ir a tomar asiento junto a una asustada chiquilla que parecía no entender aún que se había convertido en la única razón por la que la vida de tantas personas corría un innegable peligro.

–¡Yo no he hecho nada...! –fue lo primero que dijo, tal vez imaginando que iba a reñirle como cuando alborotaba en clase.

–¡Lo sé, pequeña! Lo sé –se apresuró a tranquilizarla su maestra de toda la vida acariciándole amorosamente el cabello–. Tú no tienes la culpa de ser como eres, ni de que los hombres sean como son. –Chasqueó la lengua como si por primera vez se enfrentaran juntas a un problema irresoluble–. No tienes la culpa, pero me temo que deberás hacerte a la idea de que estas cosas te ocurrirán a menudo. Aún sigues siendo una niña, pero debo admitir que tienes algo que perturba.

–¿Y qué es?

–No lo sé exactamente. Yo no entiendo mucho de eso.

–¿Y cómo podría perderlo?

–Con los años, preciosa –rió divertida la *señorita* Margaret–. Eso sí que puedo asegurártelo: sea lo que sea, lo perderás con los años.

–¿Cuántos?

–No tengo ni idea.

–Pues ojalá sea pronto, porque no me gusta que me llamen «Reina Belkiss», ni que me ocurran estas cosas. ¿Sabía que en realidad me llamo Clementine?

–Sí. Lo sabía. Lo pone en tu ficha.

–¿Y por qué nunca me llama así?

–Porque no te gustaba y de pequeña jamás respondías a ese nombre. –Le pasó muy suavemente la punta del dedo índice por el perfil de la nariz y los labios–. Ya entonces eras preciosa y te encantaba que te llamaran «Reina Belkiss». Y con «Reina Belkiss» te quedaste.

–Pero la gente cambia. Usted siempre lo dice.

–En efecto, lo digo –admitió la otra–. Pero lo cierto es que tú nunca has cambiado. Por el contrario, cada día que pasa más pareces una auténtica reina.

Era noche cerrada, por lo que los furtivos encendieron hogueras para observar a su luz cómo las gentes de la aldea continuaban exactamente en el mismo lugar, como si la orden de su jefe les hubiese petrificado definitivamente.

Tan sólo los niños se retiraron a sus chozas, mientras que por su parte, hombres y mujeres se turnaban de tal modo que desaparecían por un rato para regresar sigilosamente al mismo punto y permanecer impertérritos hasta el fin de los siglos si así se lo ordenaban.

El calor, sin un soplo de brisa, y el pesado silencio tuvieron la virtud de aumentar la casi insoportable tensión que se respiraba en el ambiente, y a nadie le hubiera extrañado que de improviso cualquiera de los furtivos que empuñaban sus armas con sudorosas manos decidiera disparar a bocajarro contra los expectantes zarguinos.

La *señorita* Margaret dejó a la «Reina Belkiss» recostada sobre el asiento del conductor del segundo camión y a continuación fue a acomodarse junto al griego, que le ofreció de inmediato una taza de fortísimo café sin azúcar.

–Los chicos tienen miedo –fue lo primero que dijo.

–¿Y usted? –quiso saber el calvo.

–También.

–Si le consuela le confesaré que todos lo tenemos, y que quizás el más asustado sea ese jodido cabrón, que ya se ha dado cuenta de que ha ido demasiado lejos.

–Es como echar un ridículo pulso en el que todos llevamos las de perder.

–¿Y qué otra cosa podemos hacer? –mascullό Kanakis–. Siempre he estado dispuesto a robar o matar si con ello obtenía algún beneficio, pero me rebelo contra la idea de permitir que un impotente a quien entre veinticinco mujeres no se la deben poner dura, tenga que recurrir a abusar de una niña.

La *señorita* Margaret señaló con un leve ademán de cabeza al libio que dormitaba recostado contra el parachoques del primero de los camiones.

–Amín no piensa lo mismo.

–Lo piensa, aunque intenta disimularlo. –Sonrió como un conejo mostrando sus gigantescos dientes–. Y de hecho me consta que le encantaría aprovechar la ocasión para cargarse a ese cabrón. Lo tiene metido entre ceja y ceja porque cada año nos cobra más por el peaje.

–¿Y no podríamos haber elegido otro camino?

–Éste es el más seguro –le hizo notar el calvo–. Frente a nosotros se alza la Gran Cadena de los Bongos, una serie de montañas en las que no resulta difícil ocultarse, pero de no pasar por aquí tendríamos que salir a campo abierto, y ahora, con «La Seca», levantaríamos una nube de polvo visible a diez kilómetros.

–Duro oficio el suyo, siempre en peligro. Medio año por culpa de las fieras y el otro medio por culpa de los hombres.

–Los he tenido más duros –señaló el griego–. Taxista en Nueva York, por ejemplo.

–¿Y hasta cuándo piensa seguir así? Ya no es ningún niño.

–Hasta que el hombro aguante los culatazos del fusil. No quiero acabar como Jonathan Carter.

–¿Qué le pasó?

–Que mató tantos elefantes con un rifle de gran tamaño, que un día descubrió que se le habían desencajado la mayoría de los huesos. Ahora anda en silla de ruedas, cuando era el mejor cazador de todo el continente.

–¡Qué cosas dice! –rió ella–. ¡Jamás consigo saber si está hablando en serio o mintiendo descaradamente!

–¿Mintiendo? –se escandalizó el calvo alargando la mano para agitar por el hombro al adormilado chadiano–. ¡M'Soc! –pidió–. Explícale a la señora qué le pasó a Jonathan Carter.

–Que se descoyuntó –gruñó el aludido.

–¿Cuántos elefantes había matado?

–Más de seiscientos.

–¿Con qué rifle?

–Un Holland & Holland Quinientos.

–¡Ahí lo tiene! –exclamó el griego–. Quien abusa de un Holland & Holland Quinientos o un Marlincher Cuatrocientos Setenta y Cinco acaba «descuajeringado».

–Me está hablando en chino.

–Tan sólo pretendía distraerla. Si lo prefiere puedo contarle lo que me ocurrió en las Seychelles cuando buceaba para el comandante Cousteau. No es muy divertido, pero al menos resulta refrescante.

–Prefiero irme a dormir.

–No es mala idea.

No resultaba empresa fácil pegar un ojo en semejantes circunstancias, por lo que la *señorita* Margaret apenas pudo hacer algo más que sumirse en una inquietante duermevela que en poco contribuyó a aliviar su honda fatiga y sus justificados temores.

El nuevo amanecer trajo consigo la más amarga de las sorpresas, puesto que la preciosa «Reina Belkiss» apareció degollada, con los inmensos ojos dilatados por el terror, y el cabello empapado en una sangre que aún no había tenido tiempo de coagularse.

Cuando la despertaron para comunicarle la noticia, la *señorita* Margaret dejó escapar un ronco gemido de angustia y sufrió un vahído del que tardó unos minutos en recuperarse.

Los niños lloraban; desde el mayor, Menelik Kaleb –que había jurado no volver a llorar bajo ninguna circunstancia–, al menor, el rebelde Ifat, del que se diría que ya nada le afectaba.

Todos parecían haber sufrido el peor de los golpes, puesto que, pese a su altivez y sus aires de ser llegado de otro planeta, la sin par «Reina Belkiss» había sido siempre una adorable criatura ante cuya presencia nadie podía permanecer indiferente.

Como si consideraran que con la desaparición de la niña el contencioso entre la aldea y los furtivos había quedado definitivamente zanjado, los hombres y mujeres desaparecieron uno tras otro de la plaza, que quedó al fin en poder de cerdos, cabras y gallinas, por lo que Amín –cuyo rostro semejaba una extraña máscara sobre el que destacaban más que nunca las enormes gafas oscuras–, indicó que la marcha se reanudara de inmediato.

A unos cinco kilómetros ordenó no obstante detenerse a los camiones en mitad de la selva para enterrar aquel hermoso cuerpo que tantas delicias prometía y tan poco le habían permitido dar de sí, y al finalizar la triste ceremonia fue M'Soc el primero en expresar lo que todos sentían.

–¡Jamás volveré a dormir en paz si esto se queda así! –dijo.

–La venganza no va a devolverle la vida –aventuró sin convicción la *señorita* Margaret–. Y la violencia tan sólo acarrea más violencia.

–¡Tonterías, señora! –explotó de inmediato el indignado Amín Idris es-Senussi, que hasta ese instante había hecho un considerable esfuerzo por mantener la calma–. Los burros sólo aprenden a golpes. –Se volvió al pigmeo–. Ve a echar un vistazo –ordenó secamente–. Les vamos a dar un buen escarmiento a esos hijos de puta.

Podría asegurarse que aquella era una orden que el diminuto Lamberederede estaba aguardando desde hacía horas, puesto que, sin tan siquiera darle tiempo a arrepentirse, se internó en la espesura para desaparecer en ella como si en verdad se lo hubiera tragado la tierra.

Al cabo de una hora la radio dejó escapar su agudo pitido y la ronca voz del enano anunció que en la aldea aprovechaban las horas más bochornosas del día para dormir.

Tan sólo la *señorita* Margaret y los niños permanecieron en esa ocasión junto a los camiones, puesto que la totalidad de los furtivos se apresuraron a tomar sus armas y emprender a buen paso el camino de regreso.

El sol ascendía muy lentamente hacia su cenit y el calor iba en aumento. El bosque se encontraba sumido en un silencio roto tan sólo por el monótono canto de las chicharras, y junto a la humilde tumba de una de las criaturas más perfectas que hubieran nacido nunca en África, sus amigos aguardaban conscientes de que la muerte se había adueñado una vez más de sus destinos.

–¿Siempre va a ser así? –quiso saber la cada día más estilizada Zeudí, que parecía haber olvidado por el momento su insaciable apetito–. ¿Vamos a ir desapareciendo uno tras otro hasta que no quede nadie? Primero la *señorita* Abiba, luego Askia; ahora la «Reina». ¿Quién será el próximo?

–Con tal de que uno se salve, los demás seguirán vivos para siempre –replicó en un extraño tono de voz Menelik Kaleb–. Encontraremos un lugar en el que vivir en paz, y el mundo acabará por enterarse de cuanto nos ha ocurrido.

–¿Y a quién le importa? –quiso saber la muchacha en tono ácido–. Si no les importa lo que les ocurre a miles de niños en los campamentos de refugiados, menos les importará lo que le ocurra a un puñado de desgraciados como nosotros, ¿o no?

Había puesto el dedo en la llaga, visto que ninguna posibilidad existía de que alguien se dignase escuchar su historia, puesto que en el mundo había en la actualidad más de ochenta millones de niños desamparados, y ellos no eran por tanto sino una miserable gota de agua en semejante océano.

Doscientas cincuenta mil personas habían huido en un solo día de Ruanda hacia Tanzania en un desesperado intento por escapar de las matanzas entre hutus y tutsis, que se descuartizaban a machetazos, pero ni siquiera ese asunto –sin lugar a dudas el mayor éxodo en la historia de la humanidad– parecía importar a los países supuestamente civilizados.

África, el África mágica, exótica y exuberante que hizo soñar tiempo atrás a millones de espíritus inquietos, perecía ahora aplastada por el peso del hambre, el odio y el abandono, y por mucho que estuvieran padeciendo un puñado de mocosos escapados de la lejana Etiopía, nadie prestaría la menor atención a sus desgracias si se comparaban con los millones de desgracias que tenían lugar a todo lo largo y ancho del más hermoso de los continentes.

¿A quién le importa? Ésta era sin duda una pregunta clave a la hora de plantearse por qué estaban allí y cuál sería su futuro, y al fin fue Bruno Grissi quien, recostado como estaba contra el tronco de un árbol, replicó con desconcertante naturalidad:

–A mí me importa –dijo–. Y me seguirá importando aunque viva cien años. –Se movió para sacar del bolsillo la bola de metal que había desenroscado de la vieja cama de sus padre–. Aparte de mis hermanos –añadió–, esto es lo único que tengo, pero aquel día, ante las cenizas de mi casa juré que sobreviviría, que me haría escritor, y que algún día le contaría al mundo lo que le había ocurrido a los míos –sonrió con amargura–. Ahora tengo muchísimas más cosas que contar.

Todos recordaban con cuánta frecuencia la *señorita* Margaret acostumbraba a leer en voz alta los hermosos relatos que solía escribir Bruno Grissi, por lo que Menelik Kaleb acabó por extender la mano, apoderarse de la bola de metal y, tras sopesarla una y otra vez como si estuviera tratando de descubrir de qué estaba hecha en realidad, comentó:

–Te ayudaré a conseguirlo. Si ese tal Robinson Crusoe pasó a la historia porque alguien escribió un libro sobre él, también nosotros...

Le interrumpió el lejano estampido de un disparo, a éste siguió otro, y luego varios más en una rapidísima sucesión que duró tan sólo un par de minutos pero que inevitablemente les remontó a la horrenda mañana en que los soldados arrasaron su aldea.

Se pusieron en pie y prestaron atención, pero ni un solo rumor volvió a llegar de la selva, y tan sólo cuando treparon a lo alto de los camiones pudieron advertir que una espesa columna de humo se alzaba sobre las copas de los árboles más altos.

Una hora más tarde regresaron los «furtivos», que se dejaron caer, sudorosos y agotados, pero evidentemente satisfechos.

–¡Se acabó! –fue lo primero que dijo el griego, cuya calva aparecía ahora negra de hollín y con un sangrante arañazo que la atravesaba de parte a parte como el meridiano de un curioso globo terráqueo–. Ese hijo de puta no volverá a joder a nadie.

–¿Lo han matado? –musitó con timidez la *seño-*

rita Margaret, aun a sabiendas de que era aquella una pregunta estúpida.

–¡Señora...! –le reprendió el libio–. ¿A qué cree que hemos ido? ¿A tomar café?

–¿Y a cuántos más?

–A cuatro o cinco –fue la displicente respuesta–. Los que se pusieron tontos.

–¿Y el resto?

–En estos momentos deben de estar celebrando que les hayamos librado de un tirano. –Amín Idris es-Senussi golpeó con el codo al zarguino que se sentaba a su lado–. ¿Es cierto o no es cierto?

–Es muy probable –admitió el aludido–. Pero también es muy probable que a estas alturas ya hayan mandado a alguien al puesto militar, por lo que lo mejor que podemos hacer es largarnos cuanto antes.

–¿Hacia dónde? –quiso saber el libio.

–Eso tendremos que decidirlo más adelante –intervino M'Soc apoyando la tesis de su compañero de cacerías–. De momento lo que importa es alejarse del territorio de los zarguinos, o mañana mismo tendremos a medio ejército pisándonos los talones.

Los motores rugieron y se alzó la cota de malla que arrastraba el segundo de los camiones, puesto que lo que ahora importaba no era tanto borrar huellas como poner la mayor cantidad posible de kilómetros entre ellos y la aldea del difunto gran jefe Teneré de triste memoria.

El pigmeo corría rítmicamente a unos cincuenta metros por delante de los vehículos a los que iba marcando el rumbo, y resultaba asombrosa la capacidad de resistencia de aquel personaje de apariencia enclenque, pero que daba continuas muestras de tener piernas de gacela y pulmones de elefante.

En una marcha casi frenética en comparación a la que habían llevado, atravesaron selvas y ríos trepando por escarpadas laderas y descendiendo a lo más profundo de los más agrestes barrancos, hasta que el desesperante traqueteo cesó cuando se vieron obligados a detenerse al borde de un alto farallón desde el que se dominaba una amplia llanura salpicada de campos de cultivo, y en la que se distinguían al menos cuatro aldeas entrelazadas entre sí por una larga carretera de tierra apisonada que se perdía de vista en la distancia.

–Ésa era la pista que va de Ndéle a Tirongoulou,

y aquella línea que se adivina al norte, el río Vakaga –señaló *No* sabiendo bien de lo que hablaba–. Si bajáramos ahí, nos localizarían en cuestión de horas.

–¿Y qué otra alternativa nos queda? –quiso saber Amín Idris es-Senussi.

–Ocultarnos unos días dejando que los ánimos se tranquilicen para poder seguir por la ruta de siempre, o dirigirnos al río Gounda, que está al oeste, para alcanzar la frontera en balsa.

–El Gounda lleva muy poca agua en esta época del año –intervino M'Soc, que se encontraba sentado en el techo del camión delantero–. Y será el punto que más vigilen.

El libio lanzó un seco reniego al tiempo que le daba una patada a un neumático, con lo cual no consiguió más que hacerse daño sin descargar su frustración.

–Todo por culpa de esos jodidos niños –exclamó apuntando con el dedo al griego–. ¡Te lo advertí! –añadió furibundo–. No se puede viajar con un millón de dólares en «trofeos», y cargar al mismo tiempo con una docena de mocosos. Lo primero que tenemos que hacer es librarnos de ellos.

–¿Cómo?

–Dejándolos aquí.

–¿Aquí? –se escandalizó Nik Kanakis–. ¿Y cómo van a salir de aquí?

–En autobús.

–¿En autobús? –repitió el asombrado calvo.

–¡En autobús! –insistió tercamente el libio, al tiempo que señalaba una desvencijada y multicolor camioneta que cruzaba a lo lejos, tan repleta de bultos y pasajeros que desde donde se encontraban parecía un milagro que pudiese avanzar siquiera un metro–. Será lo mejor para todos –le hizo notar a su socio–. Cumplimos al sacarlos del pantanal, pero a partir de aquí constituimos un peligro para ellos, y ellos para nosotros. Les daremos algún dinero y que sigan su camino.

El griego meditó tan sólo unos instantes, pareció comprender que aquélla era con toda evidencia la solución más lógica, y asintió al tiempo que se encaminaba al segundo de los camiones.

–De acuerdo –dijo–. Los dejaremos aquí.

Cuando llegó a donde se encontraba la *señorita* Margaret sonrió en un evidente esfuerzo por mostrarse alegre, aunque podría asegurarse que no lo estaba en absoluto.

–¡Fin del trayecto! –exclamó.

–¿Hemos llegado a Chad? –se sorprendió Zeudí.

–No, pequeña –admitió el otro de inmediato–. Chad aún queda lejos, pero las cosas se están poniendo feas y debemos separarnos.

–¿Y cómo llegaremos a Chad? –quiso saber el práctico Menelik Kaleb.

–En autobús... –le guiñó un ojo–. Os prestaremos dinero y ya nos lo devolveréis cuando seáis ricos.

–¿No tendremos problemas al cruzar la frontera? –quiso saber la *señorita* Margaret–. No tenemos documentos.

–Por aquí todo el mundo anda indocumentado –le tranquilizó el otro–. Les bastará con tomar un bus que vaya a Ndéle; desde allí seguir en otro hacia el oeste y llegarán a la frontera. –Abrió las manos con lo que parecía querer indicar que se trataba de poco más que un juego–. ¡No hay problema...!

–¿Así de fácil?

–Así de fácil.

–¿Y si es tan fácil por qué no lo intentan también ustedes? –inquirió con intención la *señorita* Margaret.

Nik el griego la observó de arriba abajo y se diría que en cierto modo parecía ofendido.

–¿Nosotros? –inquirió–. ¿Pretende que una partida de cazadores furtivos perseguidos por la justicia viajen en autobús?

–¿Y por qué no? –fue la tranquila respuesta–. Pasarían mucho más desapercibidos que en unos gigantescos camiones que van proclamando a gritos lo que son.

–¡Razón tiene! –comentó un tanto burlón Ajím Bikila–. Estos camiones apestan a furtivo.

El calvo, que se rascaba pensativo la descuidada barba, acabó por hacer un gesto hacia el montón de trofeos.

–¿Y qué haríamos con la mercancía? –quiso saber–. ¿Cargarla en una camioneta como si se tratara de cestos de naranjas?

–¿Por qué no?

–¿Cómo que «por qué no»...? –se indignó el griego–. ¿Es que me está tomando el pelo?

–¿Qué pelo? –rió ella–. ¿Y por qué no? –insistió–. Naturalmente que resultaría absurdo subir toda esa mercancía a un autobús público –admitió–. Llamaría demasiado la atención –hizo un cómico gesto de complicidad agitando la mano–. Pero si se tratara de un autobús privado, la cosa cambiaría.

Se diría que Nik Kanakis se acababa de caer de una alta ceiba, o que la luz se abría paso lentamente a través de su brillante calva, porque muy poco a poco comenzó a agitar de arriba abajo la cabeza en un gesto de asentimiento que iba ganando en intensidad a medida que sopesaba el proyecto.

–Capto la intención –musitó por lo bajo–. Compramos un autobús y viajamos por carretera mientras buscan dos enormes camiones en la selva. –Le dirigió una curiosa mirada de soslayo–. Es usted muy astuta –admitió–. Puñeteramente astuta.

–No es que yo sea astuta –fue la burlona respuesta–. Es que ustedes son bastante torpes. En el fondo se trata de una idea muy simple.

–Pero hay que tenerla –admitió el otro–. Y a mí nunca se me hubiera ocurrido... –Alzó la mano como pidiendo un poco de paciencia–. Voy a consultarlo con Amín –señaló–. Enseguida vuelvo.

Al igual que a él le había ocurrido, en un principio el libio se escandalizó ante la posibilidad de hacer el resto del viaje en una vulgar camioneta pintada de colorines, pero tras una corta reflexión concluyó por aceptar que tal vez fuera la forma más práctica de alcanzar la frontera sin llamar la atención.

–Enviaremos los camiones hacia el norte con todo lo de más peso y menos valor –dijo–. Se dejarán ver durante un par de días y luego se esconderán de forma que dentro de unos meses podamos recuperarlos. Es una magnífica solución –reconoció–. Se lanzarán tras los camiones, y no se les pasará por la cabeza que viajamos en dirección opuesta.

M'Soc, que sabía conducir, estaba considerado el más inteligente de los indígenas y conocía perfectamente la región, fue el encargado de descender a los poblados de la llanura para conseguir cuanto antes un autobús lo más destartalado posible.

–No importa que sea comprado, alquilado o robado –puntualizó el libio entregándole un grueso fajo de billetes–. Lo único que importa es que, al verlo, nadie tenga la más mínima tentación de subirse en él.

–Una cafetera con ruedas, pero que no se pare –afinó aún más el griego–. Sobre todo, que no se pare.

Se aproximó al borde del farallón y, armado de unos enormes prismáticos, estudió la llanura. Al fin señaló un compacto bosquecillo de eucaliptus que se alzaba a unos seiscientos metros de la base del acantilado y al borde de la carretera.

–Nos reuniremos allí –dijo–. ¡Suerte!

El chadiano buscó un senderillo por el que alcanzar la llanura y se alejó ágilmente, mientras Nik Kanakis ordenaba que se descargaran de inmediato lo más valioso para que los camiones pudieran partir rumbo al norte.

Mientras el resto de su gente se aplicaba a una tarea a la que contribuían de buena gana los niños, Amín Idris es-Senussi se aproximó a la *señorita* Margaret que se había acomodado bajo un árbol a contemplar el atardecer sobre la llanura, para comentar en un tono de respeto inusual en él:

–Le agradezco la ayuda que nos ha prestado con su idea –señaló–. Y le pido disculpas si en alguna ocasión me he mostrado demasiado brusco.

–Nunca me ha parecido «demasiado» brusco –admitió ella–. Y lo cierto es que, para la deleznable profesión que ejercen, se están comportando de un modo exquisito. –Sonrió con dulzura–. Y no tiene por qué agradecerme nada. Nos sacaron de aquel infierno, e incluso arriesgaron su vida por vengar a la pequeña Belkiss. Ha llegado el momento de devolverles el favor, puesto que no creo que un autobús cargado de niños levante sospechas.

–Puede ser peligroso –le hizo notar el libio.

–Todo es peligroso desde que los soldados aparecieron flotando en el río. –La maestra hizo un gesto hacia los vehículos–. He estado escuchando la radio. En Ruanda se están aniquilando y en Somalia tuvieron que desembarcar los Cascos Azules para interponerse entre los Señores de la Guerra. –Lanzó un corto suspiro de resignación–. Todos agonizamos con África, y hasta que no se le imponga un embargo de armas que impida que la gente siga matándose, jamás podremos aspirar a un lugar seguro. Pero aun así, seguiré buscando.

–Sé que lo encontrará –sentenció el libio en tono admirativo–. Es usted la mujer con más cojones que he conocido y me juego la cabeza a que sabrá llevar a los niños a lugar seguro.

–¡Dios le oiga!

Los camiones regresaron, siempre con el escurridizo Lamberderedere por delante, en busca de un nuevo sendero que les condujera hacia el norte, y con las últimas sombras de la tarde se distribuyó la carga para encarar el peligroso sendero que descendía hasta el bosquecillo de eucaliptos.

Fue una marcha lenta y peligrosa a la que el griego impuso un ritmo deliberadamente pausado, pues tenía plena conciencia de que lo que les sobraba era tiempo, y más valía no dar un solo paso sin tener la absoluta seguridad de que no iban a precipitarse al vacío.

–Cuando estemos abajo descansaremos –dijo–. Ahora lo que importa es llegar de una pieza.

Tan sólo se perdió un colmillo que rodó hasta el fondo de la alta pared de piedra cuando Dacia dio un peligroso traspiés en el que uno de los furtivos se vio obligado a aferrarla por el cuello para que no se fuera en pos de su carga, pero salvo por ese pequeño incidente el corto viaje no tuvo historia, de tal forma que poco antes del amanecer ya se encontraban ocultos entre los árboles.

Pasado el mediodía apareció el autobús, y no podía negarse que M'Soc había cumplido al pie de la letra las instrucciones de sus jefes, puesto que se trataba del vehículo más mugriento e impresentable que hubiera circulado jamás por las carreteras africanas, lo cual era ya decir mucho.

Se caía a pedazos, tosía como un tísico en estado agónico, dejaba a sus espaldas una negra columna de humo maloliente, y se encontraba ocupado por una docena de cabras e incontables gallinas, puesto que el chadiano mantenía la curiosa teoría de que una camioneta de pasajeros que atravesase la República Centroafricana sin cabras ni gallinas, llamaría tanto la atención como si transportara una banda de música en el techo.

Se hizo necesario despojarla en primer lugar de casi la mitad de los asientos para que los fardos de pieles y los colmillos de elefante pudieran cargarse en su interior, por lo que les sorprendió de nuevo la oscuridad antes de encontrarse en disposición de partir.

En el fondo de su alma, la *señorita* Margaret agradeció un retraso que les permitía pasar una noche más en el tranquilo bosquecillo, puesto que la mayoría de los niños tenían aspecto de encontrarse profundamente agotados, e incluso sospechaba que la salud de algunos de ellos comenzaba a resentirse tras tantos días de tensiones y fatigas.

El recuerdo del pobre Askia abandonado sobre un islote de nenúfares le perseguía hasta en sueños, por lo que su máxima preocupación se centraba en la necesidad de que los más pequeños se alimentaran y descansaran en lo posible, con vistas a los difíciles tiempos que sin lugar a dudas estaban por llegar.

Demasiado a menudo se sorprendía a sí misma estudiando uno por uno a los que habían sido desde siempre sus alumnos, amargándose ante la innegable realidad de que poco o nada tenía que ver aquella mugrienta tropa de sarnosos desharrapados con la alegre pandilla que acudía cada mañana al primer repique de la campana, y nada tenían que ver sus risas de antaño con la amarga desilusión que en aquellos momentos se advertía en sus expresiones.

De escaso consuelo le servía admitir que lo que en realidad estaba ocurriendo era el simple hecho de que unos niños a los que antaño habría que considerar como «privilegiados» se estaban limitando a ponerse al nivel del resto de la infancia circundante, puesto que la inmensa mayoría de los niños africanos se parecían más a los sufridos vagabundos que buscaban un lugar de acogida, que a aquellos otros que se bañaban felices en el río.

Las estadísticas aseguraban que a pesar de no ser más que uno de cada diez niños del mundo, a la hora de la verdad dos de cada tres niños que morían de hambre en ese mundo eran africanos, y eso era algo que no debía olvidarse fácilmente.

El continente negro detentaba en aquellos momentos la tasa de población más joven del planeta, ya que casi la mitad de sus más de seiscientos millones de habitantes tenían menos de dieciséis años, pero de todos ellos casi cuarenta millones se encontraban malnutridos y al borde de la tumba, mientras que otros cincuenta millones padecían serios problemas de retraso en el crecimiento por falta de alimentos.

Frente a una Europa envejecida, en la que la infancia se estaba convirtiendo en un bien inasequible, África tendría que estar considerada como el auténtico futuro, pero paradójicamente el desarrollo de los acontecimientos demostraba que se había transformado en un lugar sin el más mínimo futuro.

En menos de dos siglos los colonizadores la habían esquilmado entrando a saco en sus incontables riquezas, para dejarle a cambio sus infinitas miserias, y a partir de los años sesenta, en cuanto los gritos de protesta ante tamaña depredación comenzaron a teñirse de sangre, se limitaron a emprender una vergonzosa huida sin preocuparse por reparar en lo más mínimo el mal que habían causado.

Trataron a los africanos como a menores de edad, preocupándose ante todo por impedir su educación, y los abandonaron luego como a niños en un tétrico bosque del que ya se habían llevado todo cuanto podía servirles de alimento.

Unos seres que hasta muy poco tiempo atrás tan sólo utilizaban arcos y flechas que ellos mismos fabricaban, se veían ahora obligados a gastar –porque así se lo habían enseñado los blancos– más del sesenta por ciento de todas sus riquezas en un sofisticado armamento llegado del exterior, y que tan sólo les servía para aniquilarse los unos a los otros por culpa de absurdas ideologías políticas también llegadas del exterior.

Cuando el doctor Livingstone se internó por primera vez en el río Congo, debió de tropezarse con infinidad de hombres libres, aunque probablemente no se topara con un solo fascista o comunista, mientras que en aquellos momentos la región rebosaba de comunistas y fascistas, pero cada día escaseaban más los auténticos hombres libres.

Cuando los primeros misioneros comenzaron a predicar el amor a Dios, a ningún nativo le preocupaba gran cosa que su dios fuera mejor o peor que el del vecino, pero a finales del siglo xx, raro era el día que un judío no disparara contra un musulmán, un musulmán contra un cristiano, o un cristiano contra un judío.

Sentada a la sombra de los eucaliptos, la cada vez más desasosegada *señorita* Margaret observaba a sus maltrechos alumnos al tiempo que hacía un sobrehumano esfuerzo por alejar de su mente los negros presagios que cada vez con más frecuencia pretendían agobiarla.

Aunque cuando lo analizaba fríamente se le antojaba absurdo, una discordante voz interior parecía estar gritándole a todas horas que lo peor aún estaba por llegar.

En un principio fue un viaje relativamente cómodo y hasta cierto punto divertido, puesto que con la radio a todo volumen los niños cantaban alegremente o lanzaban gritos de asombro cada vez que avistaban a una gorda de chillones ropajes trepada en una frágil motocicleta, que era un tipo de vehículo que jamás habían visto anteriormente.

El África viva, multicolor, abigarrada y vociferante de una llanura en la que parecían haberse dado cita centenares de hombres, mujeres y niños que iban de un lado a otro sin destino aparente; los minúsculos pueblecitos que se sucedían casi sin transición; las docenas de coches e incluso los centenares de bicicletas con que se cruzaron a lo largo del día, provocaban el estupor de una chiquillería que en su perdida aldea de las montañas etíopes jamás había tenido ocasión de imaginar siquiera que tal tipo de animación pudiera existir.

Los despintados anuncios de cigarrillos y refrescos que aparecían dibujados sobre las paredes de algunas casas a la entrada de los pueblos era algo que de igual modo les fascinaba, y en verdad podría asegurarse que en el transcurso de un solo día los alumnos de la *señorita* Margaret aprendieron más cosas que en todo un año de escuela.

Los más pequeños no se cansaban de hacer unas preguntas para la mayoría de las cuales su maestra no tenía respuesta, y tuvo que ser el paciente griego el que se ocupara de aclarar tales demandas, pese que se le advertía tenso y preocupado, como si sospechara que en cualquier momento acabarían por desenmascararles.

Cuando circulaban por espacios abiertos los furtivos se mostraban tranquilos y relajados, pero en cuanto se aproximaban a zonas pobladas, sus músculos se ponían en tensión, y aunque intentaban disimularlo, no podían evitar que sus manos se alargaran hacia las armas en el momento en que hacía su aparición en una esquina el primer soldado.

Los pasajeros que esperaban al borde de la carretera les hacían continuas señas para que se detuviesen, y era cosa de ver su desconcierto cuando advertían cómo un bus que no rebosaba de bultos y gente pasaba de largo sin recoger a quienes estaban dispuestos a pagar un buen dinero por el viaje.

Pero lo más emocionante de ese viaje ocurrió en el momento en quc se vieron obligados a detenerse en una gasolinera, y Nik Kanakis regresó cargado de latas de Coca-Cola y vasos de papel rebosantes de cubitos de hielo.

Los niños no podían dar crédito a sus ojos.

Hielo y Coca-Cola constituían en verdad elementos inimaginables para ellos, y aquel sabor, aquellas burbujas y aquella frialdad les dejó traspuestos, como si acabaran de asistir al más prodigioso milagro de este mundo, y aun del otro.

¿Cómo era posible que algo tan fantástico pudiera existir?

¿Y cómo era posible que un pedazo de cristal blanco estuviera tan frío que incluso quemara las manos?

Los prodigios de la civilización les aturdían, y los hermanos Grissi comenzaban a entender a qué se refería su madre cuando intentaba contarles cómo era su Rímini natal, y cuánto echaba de menos una cerveza helada o una buena película.

–¿A donde vamos hay hielo? –quiso saber la ansiosa Zeudí, que parecía haber captado de inmediato la estrecha relación que existía entre el hielo y los alimentos.

–Supongo que sí.

–¿Y Coca-Cola?

–Espero que también.

–Me gustará ese sitio –afirmó la niña segura de sí misma.

–Pero no las regalan. Cuestan dinero.

–Trabajaré para conseguirlo.

A nadie se le ocurriría dudar de tal aserto, puesto que la regordeta chicuela se había convertido una semana atrás en una auténtica mujer, y ese milagroso hecho parecía haberle insuflado una nueva energía y unas ansias de vivir que tan sólo un par de meses antes se encontraban en cierto modo aletargadas.

Para ella, como para algunos de sus compañeros de viaje, la terrible desgracia que había destrozado sus vidas empezaba a quedar atrás; se esforzaban por olvidarla, y comenzaban a encarar con cierta esperanza el futuro, sobre todo desde el instante en que habían descubierto que ese futuro podía estar hecho de hielo, Coca-Cola y motocicletas.

Aquel mágico día el universo parecía estar pintado con otros colores: los metálicos colores de los objetos metálicos –desde una lata de refresco a una bicicleta–, sin que se les pudiera culpar por la atracción que ejercía sobre sus jóvenes mentes acostumbradas a la sencilla vida de un perdido valle abisinio, la desconcertante pluralidad de la vida moderna.

Nuevas formas, nuevos olores, nuevos sonidos, nuevos sabores; todo parecía diferente en aquel lugar, y cuando la camioneta se detuvo junto a un gran caserón y distinguieron a menos de dos metros de distancia a un grupo de mujeres que se afanaban pedaleando sobre relucientes máquinas de coser, tuvieron la impresión de haber alcanzado al fin su meta.

–¡Quedémonos aquí! –suplicó Nadim Mansur, a la que los llamativos vestidos que colgaban del porche parecían hipnotizar–. ¡Esto es precioso!

–Esto es una mierda, pequeña –le contradijo un malhumorado M'Soc, al que un grave problema parecía estarle reconcomiendo desde que subieran al autobús–. Y si esa gente descubre que eres etíope te venderán al primer traficante de esclavos que encuentren.

–¿Por qué? –quiso saber la niña.

–Porque los centroafricanos odian a los extranjeros –replicó el chadiano lanzando un malsonante reniego–. En realidad odian a todo el que no pertenezca a su propia tribu. –Se rebuscó entre la ropa hasta dar con un insistente piojo, que aplastó con las uñas–. Tan sólo he conocido a otros más violentos que ellos: los ruandeses, que no pararán de asesinarse hasta que ni uno solo quede en pie.

–¿Y por qué se odian tanto?

–Buena pregunta, pequeña –replicó el otro con acritud–. Muy buena pregunta, y te aseguro que si alguien conociera la respuesta, tendría la respuesta a todas las preguntas. Quizá se odian porque siendo iguales se empeñan en querer ser diferentes.

–No te entiendo.

–Ni falta que te hace.

Nadim Mansur se limitó a guardar silencio, aunque resultó evidente que pese a las afirmaciones del chadiano, se hubiera sentido terriblemente feliz en el caso de que la adormilada *señorita* Margaret abriera los ojos para dar por concluido el largo viaje aceptando quedarse en uno de aquellos maravillosos pueblos centroafricanos.

Todavía no habían atravesado ningún lugar que pudiera considerarse ni por lo más remoto una auténtica ciudad, pero aun así Nadim Mansur y varios de sus compañeros experimentaban ya esa extraña fascinación por las grandes urbes que aquejaba a la mayoría de los jóvenes africanos, y que les impulsaba a abandonar su tradicional forma de vida rural sumiéndose en un marasmo en el que casi siempre acababan por sucumbir.

La europeización de África había traído aparejada con frecuencia la destrucción de las auténticas raíces de unas gentes que pretendían dar un prodigioso salto: de la choza al rascacielos y de montar en burro a conducir un Cadillac, sin pasar antes por las lógicas etapas de aprender lo que es un grifo o una sencilla bicicleta.

Miles de años de historia y evolución se encontraban con harta frecuencia apenas separados por una decena de kilómetros de la más remota prehistoria, y eran pocos los nativos que poseían el suficiente sentido común como para aceptar que no era un trayecto que pudiera hacerse en una sola etapa.

El triste resultado se encontraba a la vista en las superpobladas capitales, en las que los muchachos no tenían otro futuro que la mendicidad o la delincuencia, mientras las chicas terminaban casi indefectiblemente en el sórdido mundo de la prostitución.

Con los ojos entrecerrados en un comprensible deseo de concentrarse en sus inquietantes pensamientos, la *señorita* Margaret se esforzaba por imaginar qué ocurriría cuando «sus niños» tuvieran que enfrentarse a una civilización para la que no estaban en absoluto preparados, y por enésima vez se cuestionaba su precipitada decisión de abandonar la aldea en busca de un destino mejor, sin detenerse a meditar en el hecho de que África no ofrecería nunca nada mejor que un perdido valle en las montañas, por muy peligrosas que fueran las tribus de las proximidades.

–Tendríamos que habernos hecho fuertes allí –se repetía una y otra vez–. Tendríamos que haber resistido, puesto que, al fin y al cabo, aquél era nuestro hogar.

¿Qué sería ahora de aquel hogar?

¿Quién se habría apoderado de los fértiles campos y de los hermosos cafetales de las colinas?

¿Quién habría reconstruido las chozas o se sentaría en los pupitres en los que se habían sentado tantos años atrás hombres y mujeres que ahora estaban muertos?

Los ojos se le llenaron de lágrimas al recordar la luminosa escuela en la que habían transcurrido los más hermosos años de su vida, y hubiera dado con gusto su mano derecha por la oportunidad de pasar el resto de sus días junto al tranquilo río en que se bañaban los niños al concluir las clases.

Acarició con infinita ternura el sedoso cabello de Carla Grissi, que dormitaba recostada en su regazo, y al observarla y percatarse de su desacostumbrada palidez, cayó de improviso en la cuenta de que hacía días que la chiquilla apenas hablaba y se quedaba traspuesta por todos los rincones.

La agitó levemente.

–¿Te sientes mal? –inquirió con un susurro.

La rubia cabeza negó con un casi imperceptible movimiento.

–Tengo sueño –musitó en un tono apenas audible.

–Llevas horas durmiendo.

–El autobús me da sueño –fue la respuesta–. También el camión me lo daba.

–Pero también dormías en el bosque –le hizo notar su maestra–. ¿Por qué?

–No lo sé.

Cerró de nuevo los ojos y a la *señorita* Margaret le asaltó por un instante el temor de que la frágil criatura estuviese afectada por la temible enfermedad del sueño, que inoculaba la perniciosa mosca tsé-tsé, aunque se esforzó por tranquilizarse diciéndose a sí misma que lo más probable era que se encontrase agotada por el agobiante calor, el cansancio acumulado, y las incontables penalidades que había tenido que soportar.

–¡No es nada! –se dijo en su afán por espantar fantasmas–. No puede ser nada.

Su mirada se cruzó con la del griego, que parecía estar observando de igual modo a la chiquilla, e hizo un notable esfuerzo por sonreír quitándole importancia al hecho.

–Siempre ha sido muy dormilona –señaló a modo de disculpa–. En clase me pasaba el día riñéndola.

El calvo Kanakis se limitó a asentir desviando la vista para fijarla en un bosquecillo de baobabs que se extendía junto a la carretera, y la *señorita* Margaret se puso a acariciar una vez más el rubio cabello, suplicando mentalmente que nada malo ocurriese y que aquel sueño fuese tan sólo el lógico fruto de la fatiga.

El sol comenzaba a ocultarse, rojo y redondo, entre las ramas de los baobabs, que más que ramas parecían raíces de un árbol que hubiese sido plantado cabeza abajo, y Amín Idris es-Senussi ordenó al conductor que buscase un lugar en el que pasar la noche lejos de miradas indiscretas.

El viejo y asmático motor fue el primero en agradecer el merecido descanso, y cabría considerar un auténtico milagro el que hubiese llegado hasta allí sin saltar en mil pedazos.

La cena transcurrió entre risas, y con un notable alboroto debido a que la mayoría de los chicos se encontraban muy excitados por todo cuanto habían visto a lo largo del día, pero a la *señorita* Margaret no le pasó desapercibido el hecho de que algunos de los furtivos, en especial el griego y M'Soc, que era con los que más solía relacionarse, parecían inusualmente inquietos.

–¿Corremos peligro? –quiso saber.

–Ir sentados sobre una montaña de colmillos de elefante no es como ir sentados sobre un cajón de dinamita –sentenció Nik Kanakis en un claro esfuerzo por quitarle importancia al problema–. Pero nos pueden pinchar el culo. Hasta que no nos encontremos al otro lado de la frontera no dormiré tranquilo.

–¿Tan sólo se trata de eso?

–No entiendo a qué se refiere –fue la evasiva respuesta.

–No se haga el tonto –se molestó la *señorita* Margaret–. Usted sabe muy bien a lo que me refiero. ¿La posibilidad de que nos atrapen es lo único que le preocupa, o hay algo más?

–¿Como qué?

–Eso es lo que me gustaría saber.

–Se está volviendo demasiado suspicaz –le hizo notar él.

–Y usted demasiado evasivo.

–Dejémoslo entonces en empate.

–¡No me venga con mierdas! –se enfureció una *señorita* Margaret que cada día perdía la paciencia y los modales con mayor facilidad–. Usted sabe algo que yo no sé y sospecho que me atañe. ¿Qué es?

El griego la observó meditabundo, y podría creerse que un velo de tristeza nublaba su mirada, por lo general alegre y franca. Por unos instantes estuvo a punto de hablar sobre lo que quiera que fuese que en verdad le corroía, pero al fin hizo un leve gesto de rechazo con la mano, como apartando una idea estúpida.

–No es nada que valga la pena –dijo.

–¿Por qué no deja que sea yo quien lo decida? –quiso saber ella.

–Porque aún no estoy seguro. –Le golpeó con afecto el antebrazo–. Una cosa le prometo –añadió–. Si se confirmara sería la primera en saberlo.

Se puso en pie para perderse de inmediato en las tinieblas, y resultó evidente que no pensaba ser más explícito, lo cual tan sólo contribuyó a que la inquieta *señorita* Margaret se intranquilizara aún más de lo que ya lo estaba.

El día siguiente trajo consigo de igual modo grandes sorpresas, puesto que cuando se estaban aproximando a Ndéle, Ajím Bikila lanzó de improviso un alarido que se parecía mucho al que emitiera el día en que descubrió el cadáver del soldado flotando en el río.

–¡Allí, allí! –exclamó en el colmo de la excitación–. ¡Mirad aquello!

Todos se apresuraron a asomar la cabeza por las ventanillas, y más de uno quedó boquiabierto al observar cómo una pequeña avioneta roja y blanca descendía rápidamente dispuesta a tomar tierra en un rústico aeródromo que se distinguía a poco más de un kilómetro de distancia.

–¡Un avión!

Se trataba realmente de un auténtico avión, y se aproximaba con tanta celeridad que al poco pudieron distinguir su número de matrícula e incluso a los pasajeros que les observaban a través de las ventanillas.

¡Un avión!

¡Dios de los cielos! ¡Aquello sí que era penetrar de lleno en el mundo moderno, y aquello sí que era dar un salto de gigante; de los pantanales del Sudd, que no habían variado de aspecto en diez mil años, a la más revolucionaria máquina concebida por el ingenio humano.

Amín indicó al conductor que detuviera el vehículo a menos de trescientos metros de la cabecera de pista, con lo que los niños pudieron contemplar la maniobra de aterrizaje y a los ocupantes del aparato, que descendían de él con la misma naturalidad que si estuvieran saltando de una simple piragua.

Era cosa de brujos, y cuando al fin el motor cesó de rugir y las hélices se detuvieron, se pudo escuchar la voz de Ajím Bikila, que aseguraba convencido.

–¡Algún día montaré en uno de ellos!

–Te cagarías de miedo.

El muchacho le largó un sopapo a Bruno Grissi, que era quien había hecho tal aseveración, y que apenas tuvo tiempo de esquivarlo.

–¡*Tú* te cagarías de miedo! –sentenció–. Yo regresaré a mi casa en uno de esos aviones.

La *señorita* Margaret advirtió que un nudo se le afianzaba en la garganta al comprender hasta qué punto algunos de los chicos echaban de menos su hogar, pese a que otros diesen claras muestras de estarse adaptando con notable rapidez al nuevo tipo de vida que se desarrollaba a su alrededor.

Aquélla sería una dura lucha y lo sabía; la lucha entre un pasado de paz y seguridad, y un incierto futuro que nada bueno prometía.

Le vino a la mente la última vez que viera una avioneta como aquélla, hacía ya más de cuarenta años, y le sorprendió advertir hasta qué punto había borrado de su memoria un hecho semejante, y hasta qué punto se había habituado a una forma de vida que tan poco tenía en común a la que conociera siendo niña.

En cierto modo le tranquilizó caer en la cuenta de que al igual que ella había olvidado, también los niños acabarían por olvidar que un día vivieron en un perdido valle donde la existencia transcurrió sin miedos ni agobios hasta el día en que una estúpida guerra decidió poner fin a tanta dicha.

Contemplando el pequeño aparato inmóvil junto a un vetusto hangar de oxidadas planchas de hierro, la *señorita* Margaret llegó a la conclusión de que de ahora en adelante su principal misión estribaba en intentar adaptar a aquellas criaturas al nuevo tipo de existencia que les ofrecería el futuro, procurando ante todo que la difícil transición no resultara demasiado traumática.

Reanudaron la marcha, y más allá de Ndéle, que atravesaron discretamente, la pista de tierra ganó en anchura, convirtiéndose casi en una auténtica carretera digna de tal nombre, y cuando el sol caía a plomo sobre sus cabezas y el húmedo calor alcanzaba su punto máximo, hizo su aparición una minúscula iglesia de picudo techo y alto porche, lo que obligó a la *señorita* Margaret a dar un salto y rogar ansiosamente.

–¡Pare! ¡Pare un momento, por favor! –lanzó una suplicante mirada a Amín Idris es-Senussi, que la observaba con el ceño formando un severo arco por encima de las gafas–. Me gustaría rezar un momento.

–¡Pero si esa iglesia está abandonada! –protestó el libio desconcertado.

–¡No importa! –replicó ella poniéndose en pie–. ¡Hace demasiado tiempo que no piso una iglesia...!

–Aquí corremos peligro.

–Sólo serán cinco minutos.

–¡Qué extraños son los cristianos...! –no pudo evitar comentar el malhumorado Amín–. Únicamente se acuerdan de Dios cuando pasan por delante de su casa. –Agitó la cabeza, pero al fin hizo un gesto para que se apeara–. Los musulmanes lo tenemos presente a todas horas. ¡Cinco minutos!

La *señorita* Margaret ni siquiera se molestó en replicar, limitándose a recorrer a paso de carga el descuidado sendero que ascendía hasta una humilde capilla, que tenía en verdad todo el aspecto de encontrarse abandonada desde hacía muchos años, pero que aun así se le antojaba muy hermosa, pese a que las ramas de un frondoso castaño penetraban en su interior por una de las ventanas.

Faltaban algunas tablas del techo, lo que permitía que los verticales rayos del sol rompieran de tanto en tanto las penumbras iluminando las desconchadas paredes en las que se conservaban restos de primitivas pinturas de vírgenes y santos, y tras observarlo todo con especial recogimiento, se postró ante el diminuto altar del que no quedaba ya más que un grueso tablón cubierto de polvo.

No era desde luego aquélla una iglesia que se pareciese en absoluto a las que solía visitar de niña en compañía del reverendo Alex Mortimer, pero era al menos un lugar de recogimiento en el que se suponía que el Señor había morado dejando su impronta en cada hornacina de la pared y cada viga del techo.

Postrada de hinojos y con la cabeza gacha, suplicó una vez más ayuda, y así permaneció –aislada de cuanto no fueran sus plegarias– hasta que se escucharon unos apresurados pasos sobre la crujiente tablazón del porche, y casi al instante una indígena extremadamente delgada y que resoplaba como si acabara de correr un largo trayecto hizo su aparición atisbando hacia el interior con conmovedora ansiedad.

–¿Padre? –musitó–. ¿Es usted, padre?

Avanzó unos pasos, y cuando al fin sus ojos se acostumbraron a la penumbra y pudo distinguir a la *señorita* Margaret, a la que un rayo de luz alumbró en el momento en que se volvió a mirarla, la recién llegada pareció sufrir la mayor decepción de su vida, puesto que las piernas le flaquearon, y tuvo que buscar apoyo para no rodar por el suelo.

La *señorita* Margaret acudió en su ayuda tomándola del brazo para acompañarla hasta uno de los desvencijados bancos que aún se mantenían milagrosamente en pie, y tras el breve espacio de tiempo que necesitó para recuperar el habla, la pobre mujer balbuceó avergonzada:

–¡Perdone...! Al ver el autobús imaginé que el padre Gastón había vuelto.

–¡Entiendo! –admitió con una leve sonrisa la *señorita* Margaret–. ¿Hace mucho que se fue?

La negra la observó como si no entendiera su pregunta, se esforzó por hacer memoria, y por último asintió con extraña amargura.

–¡Mucho! –replicó–. ¡Mucho, desde luego! –Lanzó un hondo suspiro de resignación–. Recuerdo que acababa de bautizar a mi pequeña Alina, que ya me ha dado dos nietos.

–¿Y aún espera que regrese? –se asombró la otra.

–Prometió volver –fue la sencilla respuesta que parecía querer explicarlo todo–. Siempre decía que el buen pastor jamás abandona a su rebaño, y él era un buen pastor.

–Tal vez haya muerto –le hizo notar la *señorita* Margaret–. O tal vez le hayan impedido regresar.

–¿Y qué va a ser de nosotros si no vuelve? –se lamentó la esquelética mujer en un tono de ansiedad que resultaba en verdad patético–. Cuando era niña adorábamos a las bestias de la selva, o a horrendos ídolos que se me antojaban malvados y crueles. –Giró la vista en torno, como si los maltrechos dibujos de las paredes fueran mudo testigo de sus aseveraciones–. Luego llegó el padre Gastón, levantó la capilla y nos enseñó a amar a Cristo, a la Virgen y a todos esos buenos santos que nos protegían de nuestros enemigos. –Se volvió a su interlocutora–. Fueron años felices –añadió nostálgica–. Yo venía cada mañana a rezar, fregar y limpiarle el polvo a las imágenes y siempre estaba contenta, pero un día el padre Gastón se fue, se llevó a Dios con él, y nos dejó huérfanos para siempre.

–A Dios no pudo llevárselo –puntualizó con infinita dulzura la *señorita* Margaret–. Dios está en todas partes.

–Eso decía él –admitió la nativa con sorprendente sequedad no exenta de un cierto rencor–. ¡Pero se lo llevó! Se llevó el Sagrario, el gran crucifijo y la imagen de la Virgen con una preciosa capa azul que habíamos bordado entre todas. –Abrió las manos mostrando cuanto le rodeaba–. Desde ese día, Dios ya nunca vivió aquí.

–Sigue estando aquí aunque no podamos verlo.

–¡No! –negó la otra convencida–. Ya no está aquí. Una mañana me encontré un ídolo de barro sobre el altar, y alguien había hecho sus necesidades ahí, en mitad del pasillo. ¿Cómo podría habitar el Señor en un lugar que ha sido profanado de ese modo? –quiso saber–. Tan sólo cuando el padre Gastón regrese y la purifiqué, ésta volverá a ser la Casa de Dios.

A la *señorita* Margaret le hubiera gustado poder quedarse a consolar a una desdichada criatura que parecía en verdad inconsolable, pero al poco la silueta de Menelik Kaleb hizo su aparición en la puerta para señalar nerviosamente:

–Ya han pasado los cinco minutos y Amín jura que se va con nosotros o sin nosotros.

–Está bien –admitió de mala gana la *señorita* Margaret–. Ya voy.

Se puso en pie, colocó amorosamente una mano sobre el hombro de la desolada mujer, que alzó los ojos para mirarla como si esperase de ella el milagro que llevaba tantos años esperando y señaló:

–Sólo existe un hogar del Señor que nunca nadie conseguirá profanar y del que tampoco nadie conseguirá expulsarlo por más que se lo proponga. –Se golpeó el pecho con el dedo–. Y ese hogar es nuestro corazón cuando realmente se ha asentado en él. Mantén tan limpio tu corazón como mantenías esta capilla, y Dios jamás te abandonará.

De nuevo en la polvorienta carretera y bajo un tórrido sol que recalentaba el metálico techo convirtiendo el mugriento vehículo en un hediondo horno ambulante, la *señorita* Margaret rememoró palabra por palabra cuanto la amargada mujeruca le dijera, y llegó a la conclusión de que tenía razón al quejarse por el hecho de que la hubieran sacado de la ignorancia mostrándole un nuevo y esperanzador camino, para que justo a mitad del viaje la abandonaran a su suerte.

No era justo, aunque debía admitir que ese caso no había sido, al fin y al cabo, más que un ejemplo puntual de cuanto había ocurrido en África en casi todos los aspectos, puesto que cabría asegurar que era aquél un continente en el que las cosas se habían quedado a medio hacer, y las que se habían concluido parecían siempre a punto de desmoronarse.

La mayoría de los europeos habían llegado a África con la lógica ambición de progresar; los políticos para ser más poderosos, los colonos más ricos, los científicos más sabios, y los misioneros más santos, pero a aquellas alturas habían regresado ya a sus lugares de origen tras haber sembrado en unas almas sencillas y hasta ese momento sin excesivas necesidades, una peligrosa semilla que propugnaba que lo único importante era ser siempre más rico, más sabio, más santo o más poderoso.

La ambición blanca se había apoderado del espíritu negro, pero le había despojado de las armas necesarias para alcanzar de un modo lógico sus metas, con lo que se había conseguido una vez más llevar el desconcierto y la desmoralización a quienes hasta ese momento habían tenido muy claras cuáles eran sus lógicas aspiraciones.

Aquella escuálida indígena no era por tanto más que uno de los incontables ejemplos de una forma de actuar que estaba conduciendo a millones y millones de seres humanos al más absoluto de los caos.

No hacía falta ser demasiado inteligente como para comprender que el tan deseado padre Gastón jamás regresaría, y que el sagrario, el crucifijo e incluso la hermosa imagen de la Virgen con su bordado manto azul, se quedarían para siempre en algún oscuro almacén de alguna pequeña ciudad europea hasta el día en que un avispado sacristán decidiera vendérselos al primer coleccionista de curiosidades que le ofreciera unos billetes.

Al fin y al cabo, ¿a quién le importaban las frustraciones y desesperanzas de un puñado de «salvajes» de una minúscula aldea perdida en mitad de la selva?

África había pasado al olvido hacía ya más de treinta años y allí debería seguir por los siglos de los siglos.

–Me sorprende que le sorprendan las cosas que aquí ocurren –señaló con toda seriedad Nik Kanakis cuando esa noche la *señorita* Margaret le hizo partícipe de su conversación con la nativa y sus posteriores conclusiones–. Al fin y al cabo, a lo único que estamos asistiendo es a la «balcanización» de todo un continente.

–No sé de qué me habla –protestó ella.

–Lo supongo –fue la humorística respuesta–. Ha estado demasiado alejada del mundo como para saberlo, pero intentaré explicárselo.

–No me gustaría hacerle perder su tiempo.

–No lo hace –replicó sonriente el griego–. Usted sabe que me encanta hablar, y éste es un tema que conozco bien, puesto que en cierto modo afecta a mi país –comenzó a preparar café al tiempo que inquiría–. ¿Sabe al menos lo que son los Balcanes?

–Tengo una idea –admitió la *señorita* Margaret sin querer comprometerse, porque resultaba evidente que no tenía muy claro a qué se estaba refiriendo el calvo.

–Los Balcanes son una región fronteriza con Grecia en la que por caprichos de la historia conviven serbios, bosnios y croatas, que tienen etnias, culturas e incluso creencias religiosas muy diferentes, por lo que se odian a muerte y han acabado por convertir la región en la espoleta que obliga a estallar de tanto en tanto a Europa.

–De eso sí sé algo –admitió ella–. He estudiado historia y mi padre estuvo en la guerra.

–Pues en ese caso le diré que hace poco la antigua Yugoslavia volvió a desmembrarse, y ahora los serbios están masacrando a bosnios y croatas sin que nadie haga nada por evitarlo. –Chasqueó la lengua para expresar un sentimiento que lo mismo podía ser de cansancio que de fastidio–. Lo mismo ocurre en África, pero aún más a lo bestia, si es que eso es posible.

–No lo entiendo.

–Pues resulta muy sencillo –puntualizó el otro sirviéndose un fuerte café, cosa que solía hacer con mucha frecuencia–. Hasta la llegada del hombre blanco, éste era un continente en el que cada cual vivía en su propia tierra. –Sonrió divertido mientras soplaba su café–. Aunque eso no quiere decir, desde luego, que no hubiera guerras, ya que no estamos hablando del paraíso, y aquí se mataban como suelen matarse en casi todas partes. –Hizo una corta pausa–. Pero cuando a principios de siglo llegaron las grandes potencias coloniales, se repartieron África como si se tratara de un enorme pastel, trazando líneas verticales y horizontales y diciendo: «Esto para ti, esto para ti, y esto para mí», sin tener en cuenta las distintas etnias, culturas o creencias religiosas. Impusieron lo que ellos consideraban su «paz» y su «orden», pero el día en que decidieron marcharse no devolvieron las fronteras a sus orígenes, sino que cada potencia concedió la independencia a sus colonias como y cuando le pareció más oportuno. El resultado lógico fue que no se crearon «naciones homogéneas», sino tan sólo estados, en los que sus habitantes se ven obligados a convivir con gentes a las que odian históricamente, mientras que sus iguales se encuentran quizá en otro país. –Extendió las manos con las palmas hacia arriba como si diera por concluida una inapelable teoría–. El resultado está a la vista –señaló–. La «balcanización» de todo un continente.

–¿Y qué solución le ve usted a ese problema?

–El tiempo –replicó con naturalidad Nik Kanakis–. Siglos, un millar de guerras, cien millones de muertos y un interminable baño de sangre. Se masacrarán entre sí, pero todos aquellos sesudos políticos que trazaron absurdas fronteras estudiando un viejo mapa, ya no estarán aquí para verlo. A algunos incluso les construyeron estatuas en su ciudad natal.

–Tal vez lo hicieran de buena fe.

–¿Buena fe? –se asombró el griego–. Ningún político, y menos aún un político colonial, ha tenido nunca buena fe. Van a lo suyo sin detenerse a meditar sobre a quién pueden joder. Y a esta gente la han jodido muy bien jodida.

–Es triste.

–Pero es la realidad –sentenció el otro–. Nuestros abuelos se repartieron las riquezas del mundo, y a nosotros nos corresponde recoger sus desperdicios.

La *señorita* Margaret le observó largamente, luego su vista se detuvo en la pequeña hoguera que se iba consumiendo lentamente, y tras advertir que ya casi todo el mundo dormía en el improvisado campamento, musitó casi como para sí misma:

–A menudo me cuesta trabajo aceptar que sea usted un cazador furtivo –hizo un gesto hacia Amín Idris es-Senussi, que roncaba bajo el autobús–. Casi ninguno lo parece.

–¿Es que acaso los furtivos deberíamos tener cuernos y rabo? –inquirió el otro, y ante la tímida sonrisa de ella, añadió–: Amín tiene sangre real en las venas, y yo provengo de una familia muy decente, pero lo que ocurre es que la gente se ha hecho una idea equivocada sobre nosotros.

–¿Equivocada? –se asombró la *señorita* Margaret–. ¡Se dedican a masacrar animales indefensos!

–Se equivoca. Lo que hacemos es cazar animales que la mayoría de las veces no están en absoluto indefensos. Y no lo hacemos porque nos guste matar; ése es un placer que únicamente divierte a los imbéciles que pagan una fortuna por dispararle a un león o a un elefante desde el techo de un camión.

–Tampoco lo apruebo, pero al fin y al cabo es un deporte.

–Es una hijoputada –fue la agria respuesta–. Y es por ellos, para que luzcan un par de colmillos sobre la chimenea de su casa, o sus mujeres un abrigo de piel de leopardo, por lo que yo me tengo que pasar cuatro meses al año devorado por los mosquitos y jugándome la vida en los pantanales del Sudd.

–Nadie le obliga.

–La necesidad me obliga, señora –le hizo notar el calvo, visiblemente malhumorado–. Si no cazara animales tendría que volver a ser mercenario o quién sabe qué –le apuntó con el dedo–. Y le advierto una cosa: si no existiera demanda, si un cretino impotente no ofreciera millones por un cuerno de rinoceronte, a ninguno de nosotros le apetecería un carajo pasar tantas fatigas y tanto miedo por matar a un pobre bicho –estiró ostensiblemente los brazos–. Si por mí fuera, jamás volvería a disparar un solo tiro. Y ahora más vale que nos vayamos a dormir, porque nos espera un día muy duro.

Fue un día muy duro, en efecto, puesto que, a media mañana, el renqueante autobús abandonó la carretera para tomar una minúscula pista que se abría paso a través de la selva como si se adentrara en un oscuro túnel, y apenas una hora más tarde acabó por detenerse definitivamente junto a un riachuelo de aguas turbulentas.

–¡Todos abajo! –exclamó el libio golpeando las manos tal como acostumbraba hacer cuando quería meter prisa a su gente–. El resto del camino hay que hacerlo a pie.

–¿Hemos llegado a la frontera? –quiso saber una vez más el ilusionado Menelik Kaleb.

–¿Frontera? –se asombró Amín–. Aquí nadie sabe por dónde coño pasa exactamente la frontera, pero ahí delante, en alguna parte, empieza Chad. Lo que importa es llegar.

Distribuyó la carga y hasta el último niño se vio en la obligación de aportar su esfuerzo, aunque lo hicieron, eso sí, de muy buena gana, imaginando quizá que el final de su largo periplo se encontraba muy cerca. Abrían la marcha M'Soc y *No*, que eran los que por lógica mejor debían conocer aquellos parajes, aunque a decir verdad ninguno de ellos había cruzado nunca la frontera tan lejos de su ruta habitual, por lo que se echaba de menos al astuto Lamberederede, que sabía moverse por la espesura con el sigilo de una pantera.

Era aquélla en verdad una curiosa expedición de contrabandistas dispuestos a pasar de un país a otro un cargamento ilegal, ya que formaban parte de ella varios niños de apenas ocho años y una fatigada maestra que se aproximaba al medio siglo.

Nadie lo había expresado abiertamente, pero todos parecían conscientes de que si por desgracia tropezaban con el ejército –tanto si se trataba del centroafricano como del chadiano–, se verían en la necesidad de defenderse a tiros, puesto que cabía imaginar que unos soldados muy poco disciplinados y peor pagados, optarían sin duda por la tentadora solución de quedarse con tan preciado botín eliminando a los testigos.

–Nuestras vidas no valen nada –había sentenciado con una madurez impropia de su edad Bruno Grissi–. Más bien, por el contrario, tanto menos vale cuanto más costoso sea lo que carguemos a la espalda.

–En ese caso a mí que me den un saco de mierda –bromeó un Ajím Bikila que en los últimos tiempos parecía no obstante muy poco proclive al humor y al alboroto de que antaño hacía gala–. Apestaré, pero tal vez salve el pellejo.

A media tarde abandonaron los caminos humanos para limitarse a avanzar a duras penas por intrincados senderos de elefantes, y cuando comenzó a llover con fuerza y el rumor del agua al golpear las hojas acalló sus pisadas, consiguieron aproximarse a un elefante a menos de diez metros de distancia.

El gigantesco animal parecía absorto en su afán por arrancar ramas tiernas de un copudo tamarindo, y su despectiva indiferencia pareció tranquilizar a M'Soc, que musitó en voz muy baja que aquél era un claro síntoma de que los guardias fronterizos no debían rondar por las proximidades.

–Sus colmillos son demasiado pequeños –concluyó–. Pero muchos soldados le pegarían un tiro para arrancárselos.

A la *señorita* Margaret le vino a la mente su conversación de la noche anterior, y se vio obligada a aceptar que ningún nativo se decidiría a correr el riesgo de acosar a un peligroso elefante en plena selva, a no ser que tuviera la seguridad de que alguien iba a comprarle unos colmillos que particularmente a él para nada le servían.

Eran los blancos los que, aun desde tan lejos, continuaban arrebatando al continente lo más hermoso que le quedaba: su prodigiosa fauna, aunque procurando siempre que fueran los propios africanos los que cargaran con los riesgos y las culpas.

Su padre, el reverendo Alex Mortimer, había sido siempre un apasionado defensor de la naturaleza y de la vida animal como máxima expresión de la magnificencia de la obra del Creador, y aún recordaba sus discusiones con el gigantesco Suilem cada vez que éste regresaba a la aldea cargando un ensangrentado antílope.

De aquellos acalorados enfrentamientos, de los que con frecuencia se veía obligada a ser involuntario testigo a una edad en la que las opiniones resultan inamovibles, en especial cuando se escuchan en boca de los mayores, la *señorita* Margaret sacó el convencimiento de que todo cazador esconde en lo más profundo de su ser un asesino, y que quien se siente capaz de disparar contra un elefante, de igual modo no dudaría en hacerlo, llegado el caso, sobre un ser humano.

Los años habían suavizado en cierto modo el fanatismo que le inculcara su padre, pero no fue hasta aquella misma noche que por primera vez se enfrentó al hecho de que podía darse el caso de que quien apretaba en última instancia el gatillo no fuera en realidad quien estaba matando.

El hambre mata, pero también, demasiado a menudo, obliga a matar.

Y África se moría de hambre.

Cuando la oscura mole del indiferente paquidermo quedó definitivamente atrás, y la lluvia comenzó a ganar en intensidad, convirtiéndose en una espesa cortina cuyo estruendo obligaba a pensar en millones de tamborileros repicando palillos sobre millones de hojas, todo rastro de sendero desapareció sumido en el lodazal, por lo que M'Soc acabó por alzar la mano indicando el tronco de una gigantesca ceiba cuyo espeso ramaje protegía hasta cierto punto del diluvio.

–Será mejor que acampemos aquí –dijo–. Ya no me fío ni de la brújula.

«Acampar» era, en aquellas circunstancias, una

palabra vacía de significado, puesto que al carecer de tiendas de campaña, e impedidos como estaban de encender fuego para no delatar su presencia, la tal «acampada» quedó reducida a un acurrucarse sobre el lodo, ateridos de frío, muertos de hambre, y atemorizados por el hecho de que en las impenetrables tinieblas de aquella escandalosa noche cualquier fiera o cualquier guardia fronterizo pudiera caer sobre ellos sin darles tiempo a reaccionar.

Llovió durante catorce horas seguidas.

Y cuando sobre la selva africana llueve, tan sólo existe una palabra que pueda describirlo: «Llueve».

El resto no es más que pura retórica, y en aquella ocasión llovió tan a conciencia, que cuando ya muy entrada la mañana una tímida luz consiguió atravesar las negras nubes y la espesa maraña de troncos, hojas, ramas y lianas, el panorama resultaba ciertamente demoledor.

La mayoría de los niños temblaba espasmódicamente, tres de ellos aparecían semiinconscientes, y Bruno Grissi mantenía a su hermana Carla sobre su regazo, abrazándola con fuerza en un desesperado intento por aislarla del empapado suelo y proporcionarle algún calor, aunque cabría imaginar que todos sus esfuerzos resultaban inútiles, puesto que la frágil chiquilla aparecía casi helada y no existía forma humana de obligarla a reaccionar.

–¡Se muere...! –sollozó el muchacho clavando sus suplicantes ojos en los de su maestra–. Haga algo o se muere.

Meses más tarde, Bruno Grissi se vio obligado a preguntarse si no hubiera sido preferible que su adorada hermana Carla hubiese muerto durante un triste y lluvioso amanecer, pero en aquel momento agradeció en el alma que el chadiano M'Soc se apresurara a escarbar bajo un arbusto de amarillentas hojas hasta extraer una raíz bulbosa que exprimió en el interior de la garganta de la niña.

–Con esto reaccionará –señaló seguro de sí mismo–. Durante un par de días todo le sabrá a demonios, pero conseguirá que la sangre le corra a mil por hora.

M'Soc sabía muy bien lo que hacía, puesto que a los pocos instantes el pálido rostro de la criatura enrojeció violentamente, abrió unos espantados ojos que se le llenaron al instante de lágrimas, y sin apenas fuerzas pero de un modo perfectamente audible murmuró horrorizada:

–¡Joder!

–¿Qué le ha dado? –inquirió vivamente interesada la *señorita* Margaret.

–Jugo de raíz de «Lázaro» –replicó el chadiano.

–¿Y qué es eso?

–Una planta amarga... –se limitó a replicar el otro al tiempo que se encogía de hombros–. En Zaire también la llaman «levantamuertos», porque resulta muy efectiva contra las fiebres, pero hay que tener cuidado, porque si el bulbo está reseco o no se exprime en el momento de arrancarlo resulta muy peligroso.

–Podía haberla matado –se lamentó Mario Grissi, que aferraba con fuerza la mano de su hermana.

–O podría estar ya muerta, pequeño –le hizo notar el otro–. Ahora lo único que tendrá será mal sabor de boca y estreñimiento.

Reanudaron la marcha, y lo hicieron como un ejército de empapados fantasmas, renqueando sobre un fangoso suelo en el que se ocultaban centenares de traicioneras raíces que les hacían tropezar continuamente.

–¡Mierda! –mascullaba una y otra vez el histérico Amín, que incluso había perdido sus costosísimas gafas oscuras–. El año próximo contrataremos un avión.

–Olvídate de los aviones –replicó al fin el griego–. En cierta ocasión iba yo pilotando un Junker...

–O te callas, o te corto los huevos –le advirtió el otro con absoluta seriedad–. Y te recuerdo que si estamos aquí es por culpa de esos puñeteros niños de mierda...

Y así, hora tras hora, avanzando penosamente hacia el norte, aunque a decir verdad ni siquiera tenían muy claro dónde se encontraba exactamente ese norte, puesto que se diría que incluso las brújulas se mostraban en desacuerdo sobre el rumbo a seguir.

Por fin toparon con algo que recordaba vagamente un sendero y lo siguieron hasta que, de improviso, se escuchó una violenta explosión seguida de desgarradores aullidos de dolor, y cuando el humo se disipó descubrieron el destrozado cadáver de *No*, y a M'Soc tendido en un charco de sangre y con las piernas arrancadas de cuajo.

Sobrevivió poco más de una hora.

Se desangró sin que pudieran hacer nada por detener la tremenda hemorragia, pero no pronunció ni un lamento, apretando los dientes y con la mirada perdida en un punto del bosque, tan sereno que cabría imaginar que no era a su propia agonía a la que estaba asistiendo, sino a la de cualquiera de las incontables fieras que había abatido a todo lo largo de su vida.

Aquellas muertes eran todo cuanto se necesitaba para acabar de desmoralizar al grupo.

–No podemos seguir por aquí –sentenció Nik el griego cuando hubieron enterrado de mala manera los cadáveres en el resbaladizo fango–. Lo más probable es que ese sendero esté plagado de minas.

–¿Pero por qué? –quiso saber el desolado Menelik Kaleb, que aún no parecía haberse hecho a la idea de lo ocurrido–. ¿Por qué ponen minas en mitad de la selva?

–Porque debemos estar muy cerca de la frontera, y colocar minas resulta mucho más barato que pagar centinelas, y además hacen su trabajo durante más de treinta años.

–¡Pero matan a inocentes! –se escandalizó el muchacho.

–¿Y a quién le importa? –fue la agresiva respuesta–. Anualmente se fabrican más de diez millones de minas, y en algún lugar tienen que colocarse. Las conozco bien –añadió amargamente–. Me he enfrentado a ellas en infinidad de lugares, y recuerdo que en Camboya mataron a más gente en tres años de paz que en veinte de guerra. Tal vez llegue un día en que el mundo no sea más que un gigantesco campo minado.

–¿Y no hay modo de desactivarlas?

–No, hijo, no lo hay –replicó el calvo–. Colocar una mina cuesta menos de cinco dólares, pero desactivarla cuesta más de mil. Multiplica esa cantidad por los doscientos millones que debe haber enterrados por todo el mundo, y comprenderás que jamás se conseguirá desactivarlas todas.

–¡Parece cosa de locos!

–*Es* cosa de locos –admitió Nik Kanakis, al que se le advertía profundamente afectado por la desaparición de aquellos con los que había compartido largas horas de fatigas en los cenagales del Sudd–. La gente se muere de hambre; pero el dinero que se debería gastar en alimentarla se gasta en matar más gente. ¡No lo entiendo! –concluyó casi con un sollozo–. Cuanto más viejo me hago, menos entiendo lo que ocurre.

Menelik Kaleb sintió de pronto una profunda lástima por un hombre a quien admiraba y a quien en cierto modo consideraba el paradigma de la masculinidad, pero al que ahora se diría aplastado por una carga insoportable.

¿Qué esperanzas existían para el futuro, si incluso los mejores terminaban por desesperanzarse?

Nik Kanakis era blanco, culto, inteligente, decidido, valiente e imaginativo, y sin embargo ahora aparecía derrumbado frente a él, tan derrotado como el más miserable, ignorante y cobarde de los negros.

¿Qué esperanza había?

Buscó a Bruno Grissi y lo descubrió sentado junto a la pequeña Carla, que había vuelto a quedarse dormida sobre una empapada piel de leopardo.

–¿Qué vamos a hacer? –inquirió acuclillándose frente a su amigo, aun a sabiendas de que lo único que le preocupaba en aquellos momentos era el inquietante estado de salud de su hermana.

–Rezar –fue la desconcertante respuesta.

–Hasta ahora no nos ha servido de mucho –le hizo notar.

–Algún día tendrá que empezar a dar resultado –señaló el otro–. Si no, ¿de qué sirve que nos hayan enseñado a hacerlo?

–Empiezo a temer que no sirve de nada –replicó muy serio Menelik–. Ni Cristo ni Mahoma pueden tener respuesta a cuanto nos está ocurriendo, y empiezo a comprender a Ajím, que nunca ha querido creer en nada.

–En ese caso nunca tendrá a quien echarle la culpa –le hizo notar el pecoso.

–¡Triste consuelo! –replicó despectivamente su amigo señalando a la niña–. ¿Cómo está? –quiso saber.

–Temo lo peor –reconoció pesimista el otro–. Amín la mira con pena, y el griego trata de disimular, pero tengo la impresión de que están convencidos de que no se va a salvar. –Le miró a los ojos–. ¿Qué haré si la pierdo? –inquirió–. Si muere, Mario no querrá seguir viviendo.

Menelik Kaleb evocó la figura de su travieso hermano Sajím corriendo tras las gallinas, comprendió lo que pasaba en esos momentos por la cabeza de Bruno Grissi, y le apretó el brazo con afecto en un vano intento por tranquilizarle.

–¡Se salvará! –dijo–. Lo que tenemos que hacer es construir una camilla y llevarla entre los dos. ¡Se salvará! –repitió en un evidente esfuerzo por convencerse de que sería así–. Lo único que le ocurre es que es muy pequeña y está cansada.

Cortaron dos largas ramas y, utilizando lianas y la piel del leopardo, prepararon una tosca camilla en la que la niña podía descansar pese a los vaivenes del intrincado camino de regreso, que el libio Amín Idris es-Senussi ordenó emprender al día siguiente en un desesperado esfuerzo por encontrar una ruta que les llevara hacia el norte.

Cuando al fin alcanzaron las márgenes de un nuevo riachuelo, descubrieron senderos con claras muestras de haber sido recientemente transitados, por lo que el griego decidió adelantarse para intentar averiguar adónde conducían.

A las dos horas regresó con la esperanzadora noticia de haber divisado una minúscula aldea en la que al parecer se asentaba un pequeño puesto militar ocupado únicamente por tres hombres.

–¿Chadianos...? –quiso saber de inmediato el libio.

–Centroafricanos –replicó el calvo–. Pero estoy seguro de que sabrán llegar a la frontera.

–¿Crees que deberíamos atacarles? –inquirió el otro.

–¿Y qué otra cosa podemos hacer? –fue la respuesta–. ¿Vagar eternamente por estas selvas a la espera de que nos estalle una mina bajo el culo? –Señaló en dirección a la aldea–. Ellos deben saber dónde están esas minas y cómo evitarlas.

Amín Idris es-Senussi meditó la propuesta, dirigió una escrutadora mirada a sus desmoralizados secuaces y a la indefensa tropa de chiquillos que parecían a punto de derrumbarse, y acabó por asentir con la cabeza.

–¡De acuerdo! –dijo–. Vamos a por ellos.

La *señorita* Margaret y los niños tomaron asiento junto al valioso montón de colmillos de elefante y cuernos de rinoceronte, puesto que la mayoría de las empapadas pieles habían sido abandonadas por el camino, y no pudieron por menos que preguntarse qué ocurriría si de improviso alguien les sorprendía en compañía de semejante botín.

–Mejor será no pensar en ello –masculló la antaño regordeta Zeudí, que debía de haber perdido más de doce kilos de peso–. Mejor pensemos en algo agradable. Comida, por ejemplo.

–No podemos encender fuego.

–Pues yo me comería una vaca, aunque fuera cruda –fue la divertida respuesta–. Incluso me comería un buen plato de langostas –soltó una corta carcajada y añadió–: ¡Echo de menos las langostas!

La *señorita* Margaret pareció llegar a la conclusión de que necesitaban distraer sus pensamientos, y aunque le constaba que no podría competir con la desbordada imaginación y el énfasis que imponía el calvo Kanakis a sus relatos, decidió, en evidente homenaje al griego, rebañar en su memoria cuanto pudiera recordar de las aventuras de aquel valiente Ulises, cuya portentosa odisea cabría comparar en cierto modo a la que ellos mismos estaban viviendo en aquellos momentos.

Fue una buena terapia.

Se esforzó por darle fuerza y emoción a su relato –que en poco o nada se parecía, a decir verdad, a lo que en su día cantara el ciego Homero–, pero consiguió que una buena parte de su juvenil concurrencia alejara por un rato sus problemas para pasar a preocuparse por las innumerables aventuras y desventuras del conquistador de Troya.

Lo tenía enzarzado en pleno enfrentamiento con el monstruoso Polifemo cuando los furtivos reaparecieron empujando ante ellos a un desgarbado individuo de astroso uniforme al que –por una de esas desconcertantes casualidades de la vida– le faltaba un ojo, a pesar de lo cual, en lugar de exhibir la fuerza y la furia del famoso cíclope, aparecía tan abatido y temeroso, que incluso le costaba un notable esfuerzo avanzar normalmente.

Pronto descubrieron que dicha incapacidad se debía en realidad a que se había cagado en los pantalones, por lo que el libio le obligó a meterse en el río y no salir del agua hasta que dejara de apestar como una hiena.

«Polifemo», que así le bautizaron los niños nada más verle, demostró de inmediato un servilista deseo de ser útil a condición de preservar la vida, por lo que a las primeras de cambio señaló con un decidido ademán el punto exacto hacia el que debían encaminarse para alcanzar cuanto antes la frontera, ofreciéndose a avanzar en primer lugar para que nadie abrigase la más mínima sospecha de que pretendía adentrarles en un campo de minas.

–Tengo tres esposas, siete hijos y un nieto –balbuceó–. Y si me matan se morirán de hambre, porque yo soy el único que tiene trabajo.

A continuación señaló con un leve ademán de la

cabeza los colmillos de elefante que aparecían bajo un árbol, asegurando que si le permitían quedarse con uno de ellos se sentiría muy feliz de cargar con cinco.

Llegaron a un rápido acuerdo, por lo que se echó al hombro las pesadas piezas de marfil para emprender animosamente un rápido trote cochinero, abriéndose paso por senderillos que hubieran pasado desapercibidos a quien no tuviera noción de su existencia, por lo que durante horas avanzaron a tal velocidad que llegó un momento en que el griego tuvo que suplicarle que frenara el ritmo, puesto que los niños comenzaban a rezagarse y corrían el riesgo de extraviarse en la intrincada espesura.

Aun así, antes de que cayera el sol alcanzaron las lindes de la selva, punto desde el que el sudoroso «Polifemo» señaló con una sonrisa de satisfacción la interminable sabana de altísima hierba parda y oscuros arbustos que se abría ante ellos.

–El Chad –dijo.

–¿Estás seguro? –inquirió el griego clavando la vista en su único ojo.

–Seguro –replicó el tuerto–. Nací aquí, vivo aquí, y vigilar la frontera es mi trabajo. Eso es el Chad.

–¿Sabes lo que ocurriría si nos estuvieras engañando? –inquirió Amín amenazadoramente.

–Que volverías al pueblo, me matarías, y matarías también a mi familia –replicó el otro con calma–. Ya me lo has dicho –señaló la carga que había dejado en el suelo–. ¿Puedo llevarme el marfil?

Amín Idris es-Senussi asintió.

–Cógelo, pero siéntate bajo ese árbol –ordenó–.

Y si te mueves antes de que sea de noche eres hombre muerto. ¿De acuerdo?

El centroafricano asintió indiferente.

–No tengo prisa –dijo–. Dormiré aquí.

Eligió su colmillo, tomó asiento en el punto indicado, y se quedó muy quieto observando con su único ojo cómo el pintoresco grupo de fugitivos abandonaba la selva y se internaba en la pradera para desaparecer a los pocos minutos como si la alta hierba los hubiera devorado.

Por último se recostó contra el tronco del árbol y se quedó profundamente dormido.

El Chad, o al menos el sur del Chad, no ofrecía a primera vista el esperanzador aspecto de convertirse en la tan ansiada «tierra prometida» que todos imaginaban, pues cuanto se distinguía era una monótona llanura de espesa hierba que en ocasiones podía alcanzar los dos metros de altura, y que en aquella época del año aparecía tan reseca y quebradiza que en cualquier sofocante mediodía podía estallar en uno de aquellos devastadores incendios que la dejaban convertida en un negro rastrojo en el que muy pronto comenzaban a germinar de nuevo las semillas.

El violento «harmattam», el abrasador alisio sahariano que solía soplar durante tres días y tres noches para calmarse luego y volver con mayor intensidad al poco tiempo, había comenzado ya su labor destructiva, por lo que podría creerse que hasta el último habitante de la amenazada planicie vivía sobreaviso y dispuesto a emprender veloz carrera a favor del viento en cuanto se advirtiese el mínimo olor a humo.

Era aquélla por tanto tierra de animales muy rápidos, acostumbrados a poner pies en polvorosa en un santiamén, y de la que habían desaparecido miles de años atrás serpientes, tortugas, alacranes y cuantos bichos no habían sabido superar los continuos ataques del fuego.

–¡Prohibido fumar! –fue lo primero que advirtió el griego al poco de adentrarse en lo que parecía un mar de yesca en el que no cabía saber nadar–. Una chispa, y tendremos que correr como conejos durante más de cien kilómetros.

No exageraba, puesto que era aquél un paisaje nacido del fuego y criado de igual modo para que el fuego hiciera presa en él a su capricho, sin que ni tan siquiera las míseras barreras que constituían los pequeños arroyuelos que discurrían hacia el oeste supusieran un freno, puesto que las pavesas de unas llamas que con frecuencia ascendían hasta más de veinte metros de altura los atravesaban con harta facilidad.

Incluso los árboles, que se desparramaban aquí y allá sin orden ni concierto, casi siempre aislados o todo lo más agrupados en diminutos bosquecillos, mostraban en su corteza hondas cicatrices causadas por periódicos incendios, pero era tal su naturaleza y vitalidad, que hubieran conseguido sobrevivir aún en el corazón de los mismísimos infiernos.

El libio Amín, que marchaba en cabeza, impuso desde el primer momento un ritmo muy lento, deteniéndose largo rato en cuanto alcanzaban una sombra capaz de acogerlos a todos, puesto que tenía plena conciencia de que quienes no estaban enfermos se encontraban sencillamente agotados, y la pesada carga a repartir cada vez entre menos resultaba a menudo insoportable.

Se alimentaban a base de carne seca, galletas, queso y dátiles, y pese a que en infinidad de ocasiones se les ponían a tiro hermosos antílopes que hubieran bastado para saciar el apetito de todo un regimiento, Nik Kanakis mantenía la teoría de que un disparo en la soledad de aquella llanura pondría sobre aviso a quien se encontrara a muchos kilómetros de distancia.

–Aún estamos demasiado cerca de la frontera –dijo–. Y todavía podemos tener un desagradable encuentro con soldados. Y aunque sean chadianos no creo que se lo pensaran mucho a la hora de quitarnos los cuernos.

Los casi cien kilos de cuerno de rinoceronte que transportaban, y que tan exagerada fama de afrodisíaco tenían entre chinos y japoneses, alcanzarían en el mercado negro un precio muy superior al del oro, por lo que cabía esperar que a la vista de semejante fortuna un grupo de míseros guardias fronterizos no se pensara mucho la posibilidad de arrebatárselos.

Se hacía necesario andarse con mil ojos, buscando siempre la protección de las más altas hierbas, sin arriesgarse a ir por los espacios abiertos, y de ese modo, pausadamente y en silencio, desembocaron al fin en un ancho cauce de aguas casi muertas a las que se hizo necesario arrojar una rama para averiguar en qué dirección se desplazaba.

Siguiéndola durante poco más de una hora, descubrieron una amplia curva en la que se alzaba media docena de chozas, y, aunque se encontraban abandonadas, el griego señaló que sin duda se trataba de uno de los muchos refugios que solían alzar los lugareños a todo lo largo y ancho del territorio.

Gentes seminómadas, vagaban durante gran parte del año en pos de caza mayor o de terrenos húmedos de los que obtener rápidas cosechas de mijo y cebada, por lo que habían ido levantando a través de generaciones infinidad de diminutas aldeas a las que acudían durante sus temporadas de «descanso».

Las chozas constituían, a decir verdad, un auténtico dechado de ingenio, puesto que estaban fabricadas a base de grueso barro bien cocido con techos en forma de cúpula, sin más abertura que diminutas puertas orientadas hacia el río, de tal forma que en caso de incendio en la pradera se convertían en un habitáculo totalmente aislado del fuego y del calor, como si se tratara de auténticos hornos invertidos.

Su interior, oscuro y fresco, constituía un lugar ideal para el reposo, por lo que Amín y el griego decidieron de mutuo acuerdo que había llegado el momento de hacer un merecido alto en el camino.

En el río abundaban gruesas percas, que se dejaban arponear sin oponer resistencia, por lo que la estancia en aquel remoto lugar de la sabana significó un grato alivio para los maltratados cuerpos y los hastiados estómagos, mientras dejaban transcurrir las más agobiantes horas del día en la penumbra de las chozas para pasar luego gran parte de la noche disfrutando de la fresca brisa que llegaba a través de la planicie.

A primera hora del tercer día les llegó no obstante desde muy lejos un monótono cántico que se aproximaba con notable rapidez, y a los pocos instantes hizo su aparición en la margen opuesta del riachuelo un individuo totalmente desnudo, alto, flaco y desgarbado, pero que avanzaba con tal celeridad agitando las piernas como si se tratara de un ave zancuda que la mayoría de los presentes creyeron estar viendo visiones.

–¡Un «banaca»! –exclamó en el acto Nik el griego.

Le hizo señas para que se aproximara gritándole algo en un dialecto cacofónico, y el extraño individuo cesó en su canturreo para observar con curiosidad al grupo, aunque no por ello se detuvo un solo instante, sino que se dedicó a pasear arriba y abajo, como si le resultase imposible detenerse.

–¿Qué le ocurre? –quiso saber el desconcertado Ajím Bikila–. ¿Por qué se mueve tanto?

–¡Es un «banaca»! –insistió el calvo como si aquella simple palabra lo explicara todo.

Los «bananas» o «banacas», conocidos también como los «caminantes», constituían desde tiempo inmemorial uno de los grupos étnicos más peculiares de Chad, e incluso se podría asegurar que de todo el continente, puesto que por una absurda costumbre –o tal vez un complejo defecto genético– raramente conseguían permanecer inmóviles, apenas dormían y jamás se fatigaban, por lo que se dedicaban a caminar sin rumbo durante días y semanas, solos o en pequeños grupos, pero casi siempre recitando extrañas letanías destinadas a espantar a los malos espíritus.

No se les conocía enemigos, en unas tierras en las que casi todo el mundo solía ser enemigo de alguien, y en cierto modo se les consideraba una especie de santones a los que no se les debía hacer daño so pena de arriesgarse a sufrir la terrible venganza de los dioses.

Se consideraba un gran honor abastecerles generosamente de agua y comida, ya que jamás aceptaban dinero ni cobijo, y se les utilizaba a modo de correo, puesto que siempre se mostraban dispuestos a llevar una noticia a más de trescientos kilómetros de distancia por el simple placer de dar «un corto paseo».

Desnudos y descalzos, sin armas ni equipaje, la aparición de un «banaca» solitario traía aparejado casi siempre un cierto aire de misterio, y los más supersticiosos aseguraban que en realidad no eran seres humanos, sino que se trataba de la encarnación de las almas de aquellos que no conseguían descansar en el más allá y necesitaban caminar hasta encontrar en algún lugar remoto la paz perdida.

Tan sólo se casaban entre sí –probablemente porque no existía ningún otro ser humano capaz de seguir su ritmo de vida– y por lo general los hombres solían hacerlo bastante mayores, puesto que en cuanto alcanzaban la pubertad los muchachos preferían lanzarse a recorrer la sabana en un desmedido afán por conocer el mundo y consumir energías.

El recién llegado, que continuaba yendo y viniendo por la margen opuesta mientras parecía tratar de discernir qué clase de individuos serían aquellos seres tan extraños, aparentaría poco más de treinta años, pero probablemente el más inquieto chiquillo de cinco no hubiera sido capaz de repetir cada uno de sus movimientos durante más de media hora.

Al fin cruzó el río nadando con idéntica soltura y rapidez, y cuando comenzó a hablar, lo hizo como si en lugar de palabras disparase pistoletazos.

Aceptó de buena gana la comida que el griego le ofrecía pero ni siquiera hizo el menor ademán de sentarse, sino que se la fue metiendo en la boca mientras giraba en torno a las cabañas como si se encontrara trepado en una noria de la que le resultara imposible apearse.

–¡Acabará mareándome! –exclamó al fin la fascinada *señorita* Margaret–. Es el tipo más nervioso que he visto en mi vida.

–No son nervios –le hizo notar Kanakis–. Es que si se detiene se le enfrían los músculos y se acalambra. Cuando un «banaca» se pone en marcha no hay quien lo pare.

A aquél en particular no había en efecto quien lo parara, y durante la hora que permaneció en el poblado no cesó un solo instante de hablar y gesticular, girando y volviendo sobre sus pasos, marchándose y regresando una y otra vez, hasta que cuando al fin desapareció río abajo cantando a voz en cuello, más de uno lanzó un sonoro suspiro, como si acabara de quitarse de encima un insistente moscardón que estuviera a punto de enloquecerle.

–¡Santo Dios! –mascculló aliviada la *señorita* Margaret–. No quiero ni imaginar lo que significaría ser maestra en un pueblo «banaca».

–Apenas tienen pueblos –replicó divertido el griego–. Se aparean durante la época de lluvias pero en cuanto éstas acaban se ponen de nuevo en marcha. En realidad deben morir muy jóvenes, porque no recuerdo haber conocido nunca un «banaca» viejo.

–No me extraña –intervino el libio al que de igual modo había impresionado notablemente el flaco andarín–. Ningún cuerpo humano puede resistir demasiado tiempo ese trajín. ¿Has conseguido al menos que te aclare dónde estamos?

–A poco más de un día de marcha de Harazé, que debe de quedar hacia el nordeste. –El calvo sonrió como burlándose de sí mismo–. Lo que no he conseguido averiguar es cuánta distancia puede recorrer ese jodido en un día.

–Lo que nosotros en siete, desde luego –fue la respuesta–. ¿Cómo es que no se le ha ocurrido a nadie llevarlos a una olimpíada. ¡Arrasarían, y se harían con todas las medallas!

–Lo dudo –replicó el griego convencido–. No les gusta correr. Lo suyo es caminar y cantar. –Hizo una pausa–. Ha prometido que nos enviará remeros y piraguas.

–¿Piraguas? –repitió Amín Idris es-Senussi entre escandalizado y molesto–. ¿Para qué coño necesitamos remeros y piraguas?

–Nosotros para nada –le hizo notar su socio–. Pero te consta que los niños las necesitan.

El otro fue a replicar con manifiesta acritud, pero de improviso se interrumpió como si algo le hubiese acudido de improviso a la mente, dirigió una extraña mirada a la *señorita* Margaret, pareció avergonzarse, y acabó por dar media vuelta y alejarse hacia su choza al tiempo que mascullaba:

–Ya es hora de que soluciones ese asunto.

La *señorita* Margaret observó cómo el siempre altivo libio desaparecía con el aire de un perro apaleado, quedó unos instantes como descentrada, y por último se volvió a Nik Kanakis, que había palidecido de forma notoria.

–¿Es que ocurre algo grave? –quiso saber.

El griego dudó, tomó asiento en uno de los bancos que corrían en torno a las cabañas, justo frente a aquel en que su interlocutora se encontraba en esos momentos y, apoyando los codos en las rodillas, se llevó las manos a la boca y permaneció largo tiempo así, mirando al suelo como si la situación a la que se enfrentaba constituyera –y de hecho probablemente lo era– la más difícil que hubiera tenido que encarar en su vida.

Por último asintió con la cabeza y, sin atreverse a mirarla, replicó roncamente.

–Por desgracia, sí.

–¿Y es...?

El calvo alzó los ojos y la miró de frente.

Aparecía pálido como un muerto y su párpado izquierdo temblaba ligeramente.

–En primer lugar, que tenemos que separarnos –musitó al fin–. Nosotros continuaremos hacia el norte, mientras que ustedes deberán seguir río abajo.

–Pronto o tarde tenía que ocurrir –admitió ella en un tono de voz con el que evidentemente pretendía tranquilizarle–. Han hecho mucho por nosotros; mucho más de lo que nadie hubiera hecho, pero nunca fue mi intención convertirnos en una carga eterna.

–Lo sé –fue la respuesta–. Aunque me doliera, también yo me esforzaba por hacerme a la idea de que pronto o tarde tendríamos que separarnos... –Su voz tembló y podría creerse que estaban a punto de saltársele las lágrimas–. Les he tomado cariño a esos enanos –añadió–. Mucho cariño, y le juro que hacía años que no me sentía tan feliz conmigo mismo como me he sentido protegiéndolos.

–Eso le honra.

–¡Y de qué me sirve esa honra, maldita sea! –exclamó bruscamente el otro como si algo explotara de pronto en su interior–. ¡Mierda de vida! –masculló, como si no pudiera contenerse un segundo más–. ¡Mierda de mundo! ¡Es todo tan horrible, Dios! Tan horrible.

La desconcertada *señorita* Margaret permaneció unos instantes sin saber cómo reaccionar ante tan injustificada muestra de desesperación, y optó por ir a tomar asiento junto al griego, colocándole la mano en el hombro.

–¡Pero vamos! –le susurró al oído–. ¡Cálmese! –Le alzó el rostro cogiéndole de la barbilla para que le mirara a los ojos–. Ya sé que nos aprecia, pero estaremos en contacto, y cuando encontremos un lugar donde vivir podrá venir a visitarnos.

Kanakis la observó muy de cerca, y ahora sí que sus ojos aparecían empañados en lágrimas.

–¡No es eso! –replicó–. ¿Es que no lo entiende...?

–¿Entender? –se extrañó ella–. ¿Qué es lo que tengo que entender?

–Que están enfermos.

–¿Enfermos? –repitió angustiada la *señorita* Margaret como si la cabeza empezara de pronto a darle vueltas y no consiguiera detenerla–. ¿Qué quiere decir con eso de que están enfermos? –gimió–. ¿A qué enfermedad se refiere?

–Lepra.

Si le hubieran dado con un martillo en la cabeza o le hubieran atravesado las entrañas con un hierro al rojo, la infeliz *señorita* Margaret no hubiera podido experimentar un dolor más desgarrador e insoportable del que le invadió al escuchar la palabra mil veces maldita.

–¡No es posible! –casi aulló doblándose sobre sí misma como si le acabaran de asestar una puñalada en el estómago–. ¡No es posible!

Ahora fue el griego quien tuvo que sostenerla recostándola contra el muro temiendo que se derrumbara como un pelele, y, tras unos instantes que se hicieron infinitamente largos, pues daba la impresión de que había perdido el sentido, la pobre mujer farfulló apenas:

–¡Lepra! ¡No! Dios no puede hacernos esto.

–Pues lo ha hecho.

–¿Cómo lo sabe?

–Hace días que lo sospecho –señaló él–. Intenté hacerme la ilusión de que tan sólo sería sarna, pero los síntomas parecen claros. Carla y Ajím ya no tienen sensibilidad en el lóbulo de la oreja, y las llagas de Ifat resultan también muy preocupantes.

–¿Alguno más?

Nik Kanakis negó con un brusco ademán de la cabeza.

–Ninguno de momento, aunque no podría asegurarlo. –Lanzó un sonoro resoplido–. Pero esos tres no deberían seguir con el resto. Podrían contagiarlos.

–¡Pobres criaturas! –La *señorita* Margaret alzó los ojos hacia su interlocutor y se diría que se le escapaba el alma en esa mirada–. ¿Está completamente seguro de que es lepra?

–Si no lo estuviera jamás me hubiera arriesgado a decir una cosa así –le hizo notar–. Pero por mi profesión siempre he tenido que estar muy atento al menor síntoma, y estos casos se me antojan muy claros.

–¿Qué relación existe entre la caza furtiva y la lepra?

–Ninguna –admitió el calvo–. Pero sí tiene que ver con el lugar en que la practico. El Sudd está considerado desde tiempos remotísimos la cuna de la lepra, y ya los egipcios de hace cuatro mil años sabían que era entre los dinkas de las orillas del Alto Nilo donde se había originado la enfermedad. Algunos lo atribuyen a las aguas del pantano y otros a la costumbre de comer pescado seco sobre el que se han posado cierto tipo de moscas del cenagal. –Se encogió de hombros–. Nadie lo sabe con exactitud, pero lo cierto es que aquél es el foco desde el que se extendió al resto del mundo.

–No tenía ni la menor idea.

–Tampoco yo hasta que comencé a cazar allí –admitió Kanakis–. Pero un médico me advirtió del peligro que corría, y a partir de ese día anduve siempre con mucho cuidado. Jamás he comido pescado seco, y siempre hiervo muy bien el agua. También procuro no mantener contacto con los dinkas.

–Nosotros estuvimos viviendo con ellos –admitió a duras penas la *señorita* Margaret–. Con frecuencia comíamos pescado seco, y raramente teníamos oportunidad de hervir el agua. ¡Dios!

–Dios debe encontrarse muy lejos de África –puntualizó el griego con acritud–. En realidad debe encontrarse muy lejos de todo. –Hizo una pausa y al poco añadió–: Sé que existe una leprosería cerca de Kyabe, y he pensado que lo mejor que pueden hacer es dirigirse allí para que les confirmen si están o no enfermos. –Hizo una nueva pausa y cuando volvió a hablar debía abrigar serias dudas–. Podría ser un caso de sarna virulenta, pero el hecho de que pasen tantas horas durmiendo y no tengan sensibilidad en el lóbulo me preocupa. –Se rascó la calva pensativo–. Por suerte o por desgracia, la lepra se manifiesta en primer lugar anestesiando aquellas partes del cuerpo que acabarán por amputarse espontáneamente.

–¡No me hable de eso! –suplicó la maestra.

–Como quiera –admitió el griego, que entendía perfectamente el estado de ánimo de su interlocutora, y al que no le agradaba ahondar aún más en la herida–. Pero ignorándolo no conseguirá que el problema desaparezca. Lo que tiene que hacer es encararlo con valentía. –Le tomó ambas manos y ahora fue él quien la obligó a mirarle–. La lepra ha entrado a formar parte de su vida, al igual que ha entrado en la de uno de cada veinte africanos que, o la sufren, o tienen algún familiar que la padece. Usted y yo elegimos vivir en este continente, y eso tiene un precio, aunque a menudo resulte demasiado costoso.

–¡Pero no se trata de mí! –protestó ella–. Yo lo pagaría con gusto. ¡Se trata de los niños! ¡Y fui yo quien les condujo a esto!

–Si no lo hubiera hecho tal vez ya estarían muertos –le recordó–. Como sus padres y sus hermanos. No podemos vivir arrepintiéndonos de aquello que hicimos con la mejor intención aunque nos hayamos equivocado. –Agitó la cabeza al tiempo que se encogía de hombros–. Lo terrible estriba en arrepentirnos por no haber actuado, o por haberlo hecho mal a sabiendas. Usted eligió el camino que creía correcto. Con eso basta.

–Explíqueselo a Carla. O a Ajím. O a Ifat.

–Lo siento, pero tendrá que ser usted quien se lo explique cuando llegue el momento. –El griego se puso en pie y dio dos o tres pasos como si le resultase imposible permanecer más tiempo inmóvil–. Por mi parte le juro que aunque hacía años que no rezaba, ahora me paso las noches rogándole a Dios que me haya equivocado.

–¿Morirán?

–¿Quién puede saberlo? Por lo que me contaron, hay muchos tipos de lepra, y no todo el mundo reacciona de igual modo. Depende de la herencia genética y supongo que ninguno de esos chicos tendrá antepasados judíos.

–¿Qué tienen que ver los judíos con esto?

Nik Kanakis le hizo un gesto para que no se moviese de donde se encontraba, se encaminó a su choza y al poco regresó con dos tazas rebosantes de humeante café. Le ofreció una, y mientras sorbía el suyo procurando no abrasarse, señaló:

–Según aquel médico, aunque le ruego que no se lo tome al pie de la letra porque puede darse el caso de que estuviera equivocado, la lepra es una enfermedad en cierto modo hereditaria, y el pueblo judío es por tradición el más propenso a adquirirla y contagiarla.

–Jamás había oído nada semejante –protestó la *señorita* Margaret visiblemente molesta–. Debe de tratarse de un infundio inventado por los antisemitas.

–Es muy posible –admitió el calvo–. Pero también es muy posible que de ahí provenga el odio que se les tiene a menudo. –Tomó asiento de nuevo y dejó a un lado la taza ya vacía–. De hecho se asegura que en el antiguo Egipto la plaga de la lepra cobró proporciones tan alarmantes, que un buen día el faraón decidió expulsar a todos los enfermos, enviándolos al otro lado del mar Rojo. Parece ser que entre ellos surgió un líder llamado Moisés, que los condujo a través del desierto hasta una nueva tierra con aguas no contaminadas, donde a base de buena alimentación y una higiene muy estricta, muchos de ellos se curaron. De sus descendientes proviene el pueblo judío.

–¡Bobadas!

–Puede que lo sean, pero también puede que ésa sea una explicación que se ajuste bastante a la realidad. –El griego abrió las manos en un ademán que podía significar cualquier cosa–. Yo no tengo nada contra los judíos –añadió–. Pero de hecho hay mucho en sus tradiciones, su religiosidad y su forma de comportarse que habla de un pueblo acostumbrado a sufrir desde sus mismas raíces. Durante miles de años lo han soportado todo con sorprendente estoicismo, y para tener ese carácter debe existir algo en sus genes que les obligue a comportarse como lo hacen. No creo que exista nadie más estoico que un leproso, porque de lo contrario acabarían por volverse locos al advertir cómo su cuerpo se va destruyendo día tras día. –Se encogió de hombros en un gesto que lo mismo significaba ignorancia que indiferencia–. De hecho, se asegura que todo leproso que no se suicida al conocer su enfermedad, acaba por resignarse y ni siquiera se rebela contra su destino.

Esa noche, la *señorita* Margaret tomó asiento a la orilla del río, escuchó el canto de las ranas y el rumor del viento, contempló las miríadas de estrellas que parpadeaban temblorosas en un firmamento más oscuro que nunca, y le pidió a Dios que le concediera el estoicismo de un leproso, que a buen seguro necesitaría, para seguir soportando las difíciles pruebas que el destino le reservaba.

El centinela que Amín había enviado río abajo acudió con la noticia de que se aproximaban seis remeros en dos largas piraguas, lo cual demostraba una vez más la proverbial eficacia de los «banacas», a los que se podía confiar un mensaje con mucha más garantía de cumplimiento que a la mayoría de los servicios postales europeos.

Los impertérritos remeros eran «bulalas» que apestaban a macho cabrío, puesto que se cubrían de pies a cabeza con largas túnicas de piel mal curtida, pero que con apenas media docena de palabras y un par de colmillos de elefante como pago a sus servicios, se pusieron de acuerdo con el griego con respecto a la naturaleza de su misión.

–Les llevarán hasta la leprosería y avisarán a un médico para que examine a los chicos –le indicó el calvo a la *señorita* Margaret–. Luego, según lo que le diga, haga lo que crea necesario.

–¿Y qué pretende que haga? –se lamentó ella–. ¿Dejarlos allí?

–Ésa es una decisión que le corresponde en exclusiva –admitió Nik Kanakis con evidente pesar–. Y en verdad que no me gustaría estar en su lugar a la hora de tomarla. Pero recuerde que tiene una responsabilidad para con la mayoría, y a mi modo de ver la mayoría están sanos.

–¡Pero ellos...!

–Si el Señor así lo ha querido, usted no es quien para opinar.

Resultaba extraño escuchar una afirmación semejante de un hombre como Kanakis, pero la *señorita* Margaret no se encontraba en disposición de enzarzarse en polémicas, puesto que cuanto le preocupaba de momento era el hecho de que iba a iniciar un inquietante viaje en piragua por un río perdido de un país desconocido, en compañía de seis salvajes que hedían a demonios, y con destino a un lejano lazareto en el que tal vez se vería obligada a internar por el resto de sus vidas a tres niños a los que adoraba.

Necesitaba todas sus fuerzas para encarar sin partirse en pedazos tan terrible futuro, por lo que concluyó por inclinar la cabeza en un mudo gesto de asentimiento.

–¡Está bien! –admitió–. Al fin y al cabo, Él es quien manda.

El griego sacó del bolsillo de su pringosa camisa un fajo de billetes y se los puso con extrema delicadeza en la mano, cerrándole a continuación el puño.

–Esto es de parte de todos –musitó–. Incluso Amín ha colaborado. –Sonrió con evidente dificultad–. De hecho es el que más ha colaborado, puesto que es el más rico. Espero que le sea de utilidad...–La observó con afecto y por último se decidió a añadir–: Independientemente de la decisión que tome con respecto a los enfermos, le recomendaría que con el resto se dirigiese a Senegal.

La *señorita* Margaret pareció desconcertarse y resultó evidente que no tenía ni la menor idea de lo que le estaba hablando.

–¿Senegal? –repitió–. Senegal está muy lejos. ¿Qué hay allí?

–Paz –fue la respuesta–. Senegal es uno de los pocos países africanos que en estos momentos ofrece un futuro mejor y más tranquilo. –Mostró con generosidad sus horrendos dientes amarillos al añadir–: ¡Y tiene mar!

–¿Está seguro?

–Un mar precioso con unas playas muy limpias –insistió–. Dakar es una ciudad muy agradable, con hermosas vistas sobre el mar. –Le apretó la mano como intentando inculcarle su entusiasmo–. Si yo fuera usted intentaría establecerme en Dakar.

–Lo pensaré.

–Hágalo.

Fue una despedida triste; la más triste de las despedidas bajo el calor del «harmattam», que comenzaba a soplar desde el mismo corazón del Sáhara, y más de un niño lloraba abiertamente porque al separarse de los furtivos –y en especial del griego– tenían la sensación de que una vez más les estaban arrancando de los brazos de sus padres.

¿Quién les mostraría a partir de aquel momento cómo era el mundo y cómo se comportaban las infinitas bestias que lo poblaban?

¿Quién les contaría fantásticas historias sobre lejanos países de los que ni siquiera habían oído hablar anteriormente?

A medida que las figuras de Nik Kanakis y sus

amigos se iban empequeñeciendo en la distancia, el corazón de los niños se fue achicando de igual modo, y cuando al fin una parda cortina de alta hierba los ocultó por completo, más de uno tuvo la sensación de que ya ese corazón se había cansado de palpitar.

–¿Por qué no podemos ir con ellos? –inquirió casi sollozando Bruno Grissi.

La *señorita* Margaret hizo un sobrehumano esfuerzo por cerrar los oídos a tan lógica demanda, limitándose a apretar con fuerza las mandíbulas y clavar la vista en la llanura para que nadie pudiese advertir que su entereza estaba a punto de quebrarse y lo único que deseaba era romper a llorar desesperadamente.

Tenía que dar ejemplo.

¡Pero cuán difícil resultaba dar ejemplo en semejantes circunstancias!

La *señorita* Margaret nunca había sentido necesidad de apoyarse en un hombre, puesto que desde muy niña había llegado a la conclusión de que su padre constituía más una carga que una ayuda, y más tarde siempre había sabido arreglárselas sola, pero aquella agobiante mañana de «harmattam» chadiano necesitó, como nunca imaginó que pudiera necesitarse, el respaldo de alguien como el astroso griego, que pese a su impresentable aspecto de bandido sin escrúpulos, había demostrado una generosidad y unos sentimientos impropios de un individuo de su clase.

–Le echo de menos.

Se volvió a Menelik Kaleb, que se sentaba a su

lado, y comprendió al instante que el muchacho sabía con toda exactitud lo que pasaba en esos momentos por su mente.

Lo atrajo hacia sí abrazándole por los hombros y le besó con ternura en la frente.

–También yo le echo de menos –admitió sin tapujos.

–Algún día seré como él –musitó el animoso muchacho.

–¿Sucio, mentiroso, soez y furtivo...? –quiso saber.

–No. Eso no –fue la sorprendente respuesta–. Pero sí todo lo demás.

La *señorita* Margaret meditó en lo que significaba «todo lo demás», y acabó por asentir con un imperceptible ademán de cabeza.

–Me sentiré muy orgullosa de ti si lo consigues –dijo con absoluta sinceridad–. Más aún de lo que ya me siento.

Durante largo rato ninguno de los dos pronunció una sola palabra, sumidos en sus pensamientos y en la contemplación del monótono paisaje del tranquilo río flanqueado de altas gramíneas amarillentas, hasta que por último Menelik bajó mucho la voz e inquirió procurando que nadie más pudiera oírle:

–Tenemos problemas, ¿verdad?

–Siempre tenemos problemas –respondió ella evasiva–. Demasiados problemas, pero saldremos adelante. Al menos ahora tenemos algún dinero.

–No me refiero a eso –musitó él–. Usted sabe bien a qué me refiero. –Ante la mirada de extrañeza, añadió casi ofendido–: El otro día sorprendí a

Amín discutiendo con Nik. –Bajó aún más la voz–. Y me he fijado en las llagas de Carla.

La *señorita* Margaret advirtió cómo el corazón le daba un vuelco amenazando con subírsele a la garganta, y tras cerciorarse de que el único que podía oírles era uno de los remeros «bulalas» que sin duda no entendía una sola palabra de amárigo, inquirió con un susurro:

–¿Tienes miedo?

El otro negó con firmeza.

–Shi Mansur siempre decía que la lepra es el mal de los elegidos por Dios para entrar directamente en el paraíso –replicó–. Y yo sé que no soy uno de ellos:

–¿Por qué?

–Porque estoy lleno de odio, y los que odian no van al paraíso.

La *señorita* Margaret consideró que era una hermosa respuesta, pero que al fin y al cabo no era más que eso: una hermosa respuesta que no conseguiría impedir que, si lo deseaba, la lepra se apoderase de Menelik Kaleb tal como se había apoderado de Ajím Bikila, que tenía los mismos motivos para estar lleno de odio.

¿Por qué había elegido a uno y no al otro?

¿Por qué al inquieto Ajím, la dulce Carla o el tímido Ifat, despreciando a otros que podían considerarse mucho más vulnerables?

¿A qué podía atribuirse tan cruel capricho?

Le angustió comprobar hasta qué punto le asaltaban de continuo miles de preguntas para las que jamás encontraría respuesta, y le angustió aún más el comprender que cuando los afectados le hicieran esas mismas preguntas, lo único que sabría hacer sería guardar silencio.

¿Por qué ellos?

Debía de ser aquélla la demanda que todos los enfermos de este mundo le hicieran a su Creador, y para la que jamás obtendrían respuesta.

¿Por qué ellos?

Observó a Carla, dormida sobre el regazo de su hermano, y trató de imaginar en qué quedaría convertido aquel limpio y dulce rostro cuando la terrible enfermedad se hubiese cebado en él desfigurándolo.

Advirtió luego el amor con que Bruno acariciaba la rubia cabeza, y ni siquiera consiguió hacerse una idea de cómo reaccionaría cuando tuviera que pedirle que la abandonara en una leprosería.

¡Dios!

La muerte se le antojó un trago infinitamente menos amargo, y una vez más envidió a aquellos que habían caído de un tiro en la cabeza sin apenas tomar conciencia de lo que estaba sucediendo.

La tibia mano de Menelik Kaleb apretó la suya, y ese sencillo acto le permitió volver a la realidad para aceptar el hecho de que bastaba con que uno solo de los niños se salvara, para que todos sus sufrimientos hubieran valido la pena.

Algo en lo más íntimo de su ser le decía que Menelik Kaleb acabaría convirtiéndose en un auténtico hombre, que al mirar hacia atrás sabría valorar que tanto esfuerzo no había sido en vano, y sabría dar a quienes lo necesitaran cuanto a él le dieron cuando lo necesitó.

El río ganó en anchura.

El ardiente viento ganó al mismo tiempo en intensidad, las aves comenzaron a precipitarse al agua en un postrer intento por escapar al agobiante calor que descendía del desierto, y los remeros decidieron que había llegado el momento de varar las embarcaciones y sumergirse en el río para no correr el riesgo de morir deshidratados.

Permanecieron así, sentados en el fango de la orilla y con el agua al cuello, hasta que uno de los «bulalas» gritó algo señalando hacia el sur.

Muy a lo lejos el cielo se iba tiñendo de oscuro.

Fiel a su cita anual, las llamas hacían presa en la reseca sabana para iniciar una veloz carrera empujadas por el insistente «harmattam», que las extendería como reguero de pólvora hasta Dios sabía dónde.

Por fortuna, el río se encontraba a favor del viento, con lo que el fuego se alejaba y el grupo no corría peligro, pero aun así los «bulalas» reanudaron de inmediato la marcha para alejarse cuanto antes del lugar.

Al caer la noche el horizonte que iba quedando a su izquierda y a la espalda no era más que una gigantesca llamarada.

A su luz, antílopes, gacelas, cebras e incluso elefantes cruzaban como fantasmas la llanura para atravesar el río y alejarse velozmente hacia el noroeste.

El infierno se había adueñado de la sabana, al igual que los demonios se habían adueñado de África.

Pero no era aquél un fuego que purificase. No era un fuego que barriese la lepra, la tuberculosis, la sífilis, o el nuevo y temido sida, que estaba causando estragos entre los nativos.

No era tampoco un fuego que acabase con el hambre, la violencia, el odio o la injusticia.

Era únicamente fuego.

Llamas que destruían cuanto ya había sido un millón de veces destruido; un fenómeno de la naturaleza semejante a la llegada de las lluvias en otoño.

Miríadas de aves de todas las clases y tamaños cruzaron sobre sus cabezas, y en el río los peces ascendieron a la superficie atraídos por el lejano resplandor.

Era una noche mágica.

Dolorosamente mágica para la mayoría de quienes marchaban hacia la nada con el corazón anegado de angustia.

Sin que la *señorita* Margaret hubiera hecho el más mínimo comentario, ni el afligido Menelik hubiera abierto siquiera la boca, el «mal» pareció haberse adueñado de las embarcaciones, y raro era ya quien no tuviera la certeza de que estaba navegando en compañía de la lepra.

Los malolientes «bulalas» se habían percatado de las costras y llagas de los niños, y aunque nadie entendiera una palabra de cuanto murmuraban entre sí, bastaba con observar sus intercambios de miradas y cómo se apartaban de los enfermos para comprender que tenían plena conciencia de qué clase de pasajeros transportaban.

Eran hombres valientes, sin duda alguna.

Valientes y cumplidores de la palabra empeñada, puesto que cualquier otro se hubiera limitado a saltar a tierra para alejarse a toda prisa de unas piraguas que cargaban el horror en la más pura y descarnada de sus infinitas acepciones.

La muerte no era más que muerte; el dolor no era más que dolor; el miedo no era más que miedo y la locura no era más que locura, pero la enfermedad maldita, la lepra, era miedo, dolor, locura y muerte unidas en una piña feroz y descarnada.

Poco antes del amanecer, Ajím Bikila, el animoso Ajím, el fuerte Ajím, el antaño travieso y alborotador Ajím, se lanzó de improviso al agua.

Surgió al poco en mitad de la corriente e, iluminado por la rojiza luz del lejanísimo incendio, alzó la mano en un postrer saludo.

–¡Adiós! –gritó roncamente–. ¡Adiós!

Luego se hundió.

¡Cuántas veces le habían visto hundirse de igual modo frente a la escuela!

¡Y cuántas le vieron emerger de nuevo como un brillante delfín azabache proyectado hacia los cielos!

Pero esta vez no volvió.

No volvió, porque el «mal» debía pesarle demasiado.

Los «bulalas» les dejaron solos bajo un tosco chamizo de techo de paja y, tras hacer significativos gestos para que permanecieran en aquel punto sin aproximarse al poblado que se distinguía a lo lejos, reanudaron sin prisas su camino río abajo.

La *señorita* Margaret y los niños se sentaron a esperar.

Seis horas más tarde –en África el tiempo carece de importancia– por el senderillo que discurría a todo lo largo de la orilla hizo su aparición una pequeña mujer blanca de uniforme gris, cabello muy corto y expresión decidida, que se limitó a estrechar la mano de la *señorita* Margaret, que había acudido a su encuentro, sin detenerse ni siquiera un segundo a tomar aliento, pese a que respiraba fatigosamente y sudaba a chorros.

–Soy la doctora Durán –se presentó en un inglés bastante fluido–. ¿De dónde salen ustedes?

–De Etiopía.

La mujer, que no tendría más allá de treinta y cinco años, pero cuyas marcadas facciones y bruscos gestos la hacían parecer mucho mayor, se detuvo ahora unos segundos y observó a su interlocutora como si temiera que se estaba burlando de ella.

–¿De Etiopía? –repitió estupefacta–. Pero si eso está...

–A miles de kilómetros de aquí, lo sé. –La *señorita* Margaret hizo un gesto hacia los niños que dormitaban bajo el chamizo y cuyo desolador aspecto convertía en inútil cualquier tipo de explicación–. Llevamos meses viajando –añadió.

Se diría que la adusta expresión de la doctora cambió en el momento mismo en que se arrodilló junto a los chiquillos, y tras extraer de su pesado maletín un par de guantes de goma, comenzó a examinar llagas, heridas, bulbos y cicatrices con manifiesto interés.

Se mostraba dulce, amable e incluso divertida mientras sus manos se movían hábilmente, palpando el borde de las llagas y las manchas, al tiempo que sus profundos ojos de un verde metálico no parecían perder ni el más mínimo detalle de cuanto pudiera referirse al estado de salud de aquella destrozada tropa, a la que podría considerarse al borde del desahucio.

–¡Veamos, veamos! –era todo cuanto se limitaba a decir–. ¿Te duele?

Por primera vez en su vida, la silenciosa y atenta *señorita* Margaret rezaba para que los niños sintieran dolor cuando les presionaban los lóbulos de las orejas o las puntas de los dedos, consciente como estaba de que cuanto más dolor sintieran, más posibilidades tenían de encontrarse sanos.

Fue un reconocimiento largo y minucioso, en el que nada pareció pasar por alto a aquellos inmisericordes ojos verdes, de tal modo que cuando al fin su dueña decidió dar por concluida su inspección, era ya noche cerrada, y la mayoría de los niños dormían.

La doctora hizo un leve gesto a la *señorita* Margaret para que la siguiera, se alejó un centenar de metros, tomó asiento a la orilla del río, y encendió un cigarrillo al que dio varias ansiosas caladas como si fuera algo que estaba necesitando más que la propia respiración.

Al poco, pronunció tan sólo una palabra:

–¡Mierda!

La *señorita* Margaret se limitó a tomar asiento a su lado y a aguardar la sentencia como un reo consciente del veredicto de culpabilidad.

Por fin, sin volverse a mirarla, la doctora Durán musitó con un notable esfuerzo:

–Hay dos seguros y uno dudoso... –Lanzó un hondo suspiro–. El resto está limpio. ¡Sarnosos, pero limpios!

–¡Dios nos asista! –sollozó la *señorita* Margaret–. ¿Cree que se curarán?

–Eso nadie puede saberlo –fue la honrada respuesta–. La lepra es una enfermedad tan extraña, que a estas alturas aún no tenemos muy claro cómo se contagia, aunque lo más probable es que sea a través de la nariz, puesto que es en la pituitaria donde más a menudo se inicia. –Ahora sí que se volvió a mirar a su acompañante–. Pero existen varios tipos de lepra, y cada persona reacciona de forma muy distinta ante cada una de ellas.

–¿Pero se curarán?

–No me pida que le haga concebir falsas esperanzas. –La mujer aspiró de nuevo de su cigarrillo hasta casi consumirlo–. ¡Sencillamente no lo sé! Llevo doce años en el hospital y he visto horrores y milagros; más de los primeros que de los segundos, pero de todo ha habido. Por desgracia, la lepra suele detener el crecimiento de los niños y muy pronto les confiere un lamentable aspecto de viejos caquécticos que rompe el corazón. –Hizo una corta pausa en la que pareció obsesionada con el fluir del río, y por último añadió–: Sin embargo, por fortuna, tanto mejor aceptan su enfermedad cuanto mas jóvenes son.

–Lo comprendo.

–¡Dichosa usted! –fue la respuesta–. Por lo que a mí respecta jamás entenderé cómo nadie, joven o viejo, puede soportar semejante castigo un solo día.

–Aun así convive con ellos.

–Es mi trabajo.

–¿Y no teme al contagio?

–Desde luego, pero no por eso voy a dejar de hacer lo que tengo que hacer. Creo que el Señor me necesita para cuidar a sus enfermos y no como víctima.

–¿Y si no fuera así?

–Supongo que aprendería a resignarme. –Se encogió de hombros–. Tal como tendrá que resignarse usted ahora. –Lanzó la colilla del cigarrillo al agua–. Carla es una niña preciosa –añadió–. Y muy dulce. –Extendió la mano y apretó la de su interlocutora como si intentara inculcarle valor–. Tendrá que ser fuerte –musitó–. Si ha llegado hasta aquí, debe de serlo, pero por muchas calamidades que haya pasado, tenga por seguro que esto será infinitamente peor.

La *señorita* Margaret se mordió los labios hasta casi hacerse sangre y no respondió, por lo que la otra le dirigió una larga mirada y esbozó al fin una mueca que pretendía ser una sonrisa.

–Sé que le gustaría decirme que lo que necesita es consuelo y palabras de aliento, pero en ese caso le estaría mintiendo. Quiero que se ponga en lo peor de lo peor, y si por casualidad ocurriera un milagro no sería más que eso: un auténtico milagro.

–¿Y qué voy a hacer ahora? –quiso saber la *señorita* Margaret–. ¿Cómo voy a separar a Carla de sus hermanos? ¿Cómo voy a decírselo?

–¡Diciéndoselo! Los niños suelen ser mucho más fuertes de lo que imaginamos.

–Estos niños han demostrado ser muchísimo más fuertes de lo que nadie hubiera imaginado –puntualizó quisquillosa la *señorita* Margaret–. Han sufrido todo lo sufrible, y no creo que se les pueda pedir más. Bruno y Mario viven para su hermana.

–¿Prefiere que lo haga yo? –se ofreció la doctora–. Por desgracia tengo experiencia. Son muchos años de pedirle a familiares muy próximos que se despidan para siempre de los seres que aman. –Hizo una corta pausa, buscó un nuevo cigarrillo y lo encendió aspirando con delectación–. Por fortuna –añadió al poco–, la mayoría de los africanos viven con la idea de que la lepra es algo que les puede afectar cualquier día, puesto que la tienen siempre a su alrededor. Aceptan la enfermedad con el mismo estoicismo con que aceptaron la esclavitud y aceptan el hambre, la violencia o la explotación.

La *señorita* Margaret permaneció un largo rato

observando la tímida luna que hacía su aparición en el horizonte, y las lejanas luces de la aldea «bulala» a la que les habían prohibido acercarse como apestados que eran, y por último inquirió:

–¿Hay sitio en el hospital para los niños?

–Sí, desde luego –replicó la doctora sin asomo de duda–. Podemos ofrecerles cama, comida y medicinas. –Chasqueó la lengua en una seca onomatopeya que pretendía significar fastidio o tal vez impotencia antes de puntualizar–: El gran problema estriba en que nos falta personal y no podremos atenderlos debidamente. –Enseñó apenas los dientes en lo que pretendía ser una sonrisa irónica–. Como comprenderá, no hay muchos locos dispuestos a trabajar en una leprosería a cambio de un miserable sueldo que la mayoría de las veces ni siquiera cobran.

–Lo supongo –admitió su interlocutora–. Lo difícil de entender es el hecho de que haya alguien que acepte ese trabajo. Pero me preocupa que unos niños tan pequeños no puedan tener una atención especial.

Resultaba más que evidente, que la doctora Durán era una mujer encallecida por el difícil trabajo que tenía que realizar y la infinidad de padecimientos que se veía obligada a intentar paliar a diario, y aunque en el trato con los pacientes se mostraba por lo general dulce y afectuosa, en su relación con el resto del mundo no se andaba con rodeos y solía decir las cosas tal como le pasaban por la mente.

–No sólo no estoy en disposición de garantizarle un trato especial –dijo–. Sino que incluso no puedo hacerme responsable de esos niños. Son demasiado pequeños y la leprosería es un mundo hostil en el que los enfermos a menudo no se comportan como debieran.

–¿Qué está intentando decirme? –se alarmó la *señorita* Margaret.

–Que San Lázaro no es un hospital tal como lo entendemos normalmente. Cuando faltan alimentos o medicinas, lo que por desgracia ocurre con cierta frecuencia, impera la ley de la selva, y los más débiles llevan la peor parte. ¡Mierda! –masculló de improviso como si le costara aceptar la realidad–. ¡Su vida es un infierno, pero se aferran a ella con desesperación!

–Es lo único que tienen.

–¡Pero es tan poco!

–Pero es lo único. ¿Qué otra cosa les queda? ¿Suicidarse como el pobre Ajím? –La *señorita* Margaret emitió un corto lamento–. No tenía más que quince años, pero prefirió tirarse al río a vivir con el «mal».

–A su edad yo habría hecho lo mismo –admitió la adusta mujer sin la menor vacilación, y al poco se volvió, para inquirir bruscamente–: ¿Qué pretende que haga? ¿Me los llevo, o no me los llevo?

–Necesito pensarlo –respondió la otra con cierta timidez.

–Cada día que pasen junto a los otros significa un grave peligro –le advirtió–. Se encuentran muy bajos de defensas y comidos por la sarna. Es mucha la responsabilidad que asume.

–No me presione –suplicó la acobardada *señorita* Margaret.

–Presionar es mi segundo oficio –fue la agria respuesta–. La gente suele posponerlo todo, pero la lepra no acepta retrasos. Está ahí, siempre latente, y cuando decide mostrarse a la luz ya no hay remedio.

–¡Pero es que me está pidiendo que abandone a unos niños, que son como mis hijos, en un lugar en el que ni siquiera me garantiza que estarán protegidos! –le hizo notar.

–Más vale que sean tres, que cuatro... ¡O todos!

Era una mujer odiosamente inmisericorde, o tal vez, por el contrario, era una mujer con tanta misericordia y tanto amor en el corazón que se veía obligada a defenderse con una coraza inexpugnable, consciente como era de que el enemigo contra el que llevaba tantos años librando una feroz batalla era el más cruel y despiadado de todos los enemigos a que se hubiera enfrentado el ser humano desde el comienzo de los siglos.

Y es que ningún tirano había encarcelado jamás a nadie de por vida sin usar otras rejas que su propio cuerpo atormentado.

Ni ningún verdugo de la Inquisición consiguió ir arrancando día a día pedazos de carne –y del alma– de sus víctimas sin que se le murieran entre las manos.

Ni ningún asesino asesinó con tan infinita paciencia y tan refinado sadismo.

Ni ningún sicario torturó mentalmente con la eficacia con que lo hacía la lepra noche tras noche.

Y al final, siempre la muerte.

Dirigir una leprosería en el corazón de un continente arrasado por el hambre, las guerras religiosas y los odios raciales ante la indiferencia del resto del mundo, constituía una labor en verdad titánica, a la que la mayoría de los hombres no hubieran sido capaces de enfrentarse durante doce interminables años.

Encarar abiertamente el miedo al contagio no estaba al alcance de todos, pero allí seguía ella, en apariencia frágil, pero más dura que el pedernal, decidida a mantenerse en primera línea hasta que su Creador se la llevase a través de cualquiera de sus muchos e intrincados caminos.

–Mañana decidiré –susurró al fin la derrotada *señorita* Margaret.

–Al alba –puntualizó la otra–. Me esperan en San Lázaro.

Una hiena rió a lo lejos.

Tan sólo una hiena podría reírse en una noche como aquélla.

La más corta.

La más larga.

La más triste.

La más amarga. Era la noche en que una pobre mujer desesperada tenía que tomar de nuevo una decisión que habría de marcarla para el resto de su vida.

¿Cómo se podía vivir dejando atrás a aquellas indefensas criaturas?

Se lo preguntó durante horas.

¿Adónde iría y qué oscuro agujero encontraría al que no le persiguieran los recuerdos, y donde no le acosaran los remordimientos por el terrible dolor que había causado a tantos inocentes?

La doctora Durán se había retirado a descansar tras la ajetreada jornada, y la *señorita* Margaret permaneció sentada frente al agua buscando una solución inexistente a sus problemas, hasta que escuchó un leve rumor a sus espaldas y sin volverse supo que se trataba de Menelik Kaleb, que se acomodó a su lado sin pronunciar una sola palabra.

Permanecieron así largo rato, puesto que se entendían sin necesidad de hablarse, hasta que por fin musitó sin mirarle:

–De ahora en adelante la responsabilidad es tuya. Yo me quedo.

–¿Y qué tengo que hacer?

–Llevar a los niños a un lugar seguro. Ser su hermano mayor, su padre y su consejero. Salvarlos, en una palabra.

–¿Cree que sabré hacerlo?

–Eres mi única esperanza –fue la respuesta–. Yo debo quedarme a cuidar a los enfermos. –Ahora sí que se volvió a mirarle como para dar más énfasis a sus palabras–. Si me voy, jamás conseguirán salir adelante. No hay quien se ocupe de ellos.

–Entiendo.

–Sabía que lo entenderías –musitó acariciándole amorosamente la mejilla–. Los llevarás a Senegal y conseguirás que sobrevivan. Y cuando los pequeños sanen, nos reuniremos con vosotros.

–¿Sanarán?

–¡Sanarán! –afirmó su maestra con una firmeza que sorprendía pero que invitaba a creerla–. Los cuidaré hora tras hora, lucharé con el «mal» y acabaré venciéndole. Es sólo cuestión de fe.

–Me gustaría creerla.

Ella no respondió y continuaron en silencio hasta que el muchacho señaló:

–Me preocupa Bruno. No querrá separarse de Carla.

–Pues tendrá que hacerlo.

–Se hundirá.

–Tú estarás a su lado, para mantenerlo a flote recordándole que no puede dejar solo a Mario. También es su hermano.

De nuevo quedaron en silencio, y de nuevo fue el atormentado muchacho el que lo rompió para inquirir como si aquélla fuera la pregunta más importante de su vida:

–¿Por qué nos ocurre todo esto? –quiso saber–. ¿Es acaso un castigo por no haber aceptado el destino que nos estaba reservado aquella mañana?

–¿Quién puede castigar a unos niños por pretender vivir? –le hizo notar ella–. Para eso os trajeron al mundo.

–¿Para vivir esta vida? –se asombró–. ¿Para ver cómo asesinan a nuestros padres o enferman nuestros amigos? –Menelik Kaleb hizo una larga pausa, agitó la cabeza una y otra vez como sacudiendo un oscuro pensamiento y al fin masculló con mal contenida rabia–: Me gustaría que alguien me explicara para qué nos han traído al mundo, si esto es todo lo que ese mundo ofrece.

–Dale una oportunidad al futuro –suplicó ella.

–Es el futuro el que no quiere darnos ninguna –le hizo notar–. Hemos hecho cuanto está en nuestra mano, pero nada parece conmoverle.

Siguieron allí, sentados el uno junto al otro, aguardando un alba que habría de llegar por más que desearan posponerla, y buscando sin encontrar palabras que sirvieran de consuelo a quienes ya nunca podrían consolarse.

Siguieron allí.

Esperando.

Cantó un pájaro, y de inmediato supieron que no se trataba de la llamada de amor de un ave nocturna, sino del trino que anunciaba la nueva luz que les mostraría los rostros de cuantos se verían obligados a enfrentarse a la verdad más dolorosa que nadie hubiese encarado nunca.

Un nuevo trino, esta vez más cercano, alejó la vana esperanza de que fuera aquélla una noche interminable.

Nada se detenía.

Un condenado a muerte se habría sentido sin duda más feliz el día de su propia ejecución, ya que al menos un condenado a muerte no tenía por qué dar cuentas a nadie de sus actos.

Y un verdugo no se vería obligado a arrancar a una niña de los brazos de sus hermanos.

Y un juez jamás se atrevería a condenar al más cruel de los asesinos a sufrir por siempre el martirio de la lepra.

La *señorita* Margaret se refugió en lo último que aún quedaba de noche, permitiendo que las lágrimas manaran mansamente de sus cansados ojos, consciente de que a partir de aquel momento tendría que volverse tan dura como la férrea doctora, puesto que jamás podría permitirse el lujo de llorar mientras cuidaba a los leprosos.

Llorar ante quienes tantas razones tenían para hacerlo pero aun así se contenían, significaría convertir esas lágrimas en una injusta ofensa.

Lamentarse ante quienes estaban viendo cómo sus miembros se caían a trozos, despojaría de auténtica razón de ser a esos lamentos.

Cuando llegara el alba todo sentimentalismo tenía que haber quedado definitivamente atrás, y la *señorita* Margaret se había propuesto que así fuera.

Por eso lloraba.

Por eso dejaba correr hasta la última lágrima que se pudiera ocultar en el más recóndito pliegue de su destrozado corazón, al tiempo que acumulaba fuerzas para no volver a llorar nunca.

Por último dejó escapar un lamento tan amargo que Menelik Kaleb no pudo resistir la tentación de tomarle una mano y llevársela a los labios con inusual ternura.

Fue un beso de amor y de consuelo, pero fue, sobre todo, un beso de infinito agradecimiento, que hizo comprender a la infeliz mujer que más allá y muy por encima del daño que les hubiera causado, en el ánimo de los niños anidaba el convencimiento de que su amada maestra hubiera entregado de buena gana mil vidas que tuviera con tal de salvar una sola de las suyas.

Y en un mundo y un tiempo en que millones de niños sufrían los peores tormentos sin que nadie moviese un dedo en su favor, el simple hecho de haber conocido a alguien como la *señorita* Margaret bastaba para llenar de dulces recuerdos la memoria.

Menelik Kaleb abrigaba el firme convencimiento de que en cuanto la *señorita* Margaret pusiera el pie en la leprosería, nunca más la dejaría, pues aun en el improbable caso de que «sus niños» se curaran, sería tanto el dolor y la infelicidad que encontraría entre sus muros, que jamás reuniría las fuerzas necesarias como para abandonar a los enfermos a su suerte.

La maldad huye del «mal», pero en ciertos casos, y éste era uno de ellos, la bondad acaba por convertirse en prisionera del «mal» en su desmedido afán por redimirlo.

Jamás volverían a verse.

Fueran a donde quiera que fuesen, Senegal o el mismísimo confín del universo, Menelik Kaleb jamás volvería el rostro atrás, y por lo tanto jamás conseguiría reencontrarse con alguien que parecía haber llegado a la estación final de su destino.

A sus cuarenta y ocho años, la *señorita* Margaret dedicaría el resto de su tiempo a los padecimientos y la muerte.

A sus dieciséis años recién cumplidos, Menelik Kaleb dedicaría el resto de su tiempo a la vida y la esperanza.

Allí, en aquel punto, a orillas de aquel río y en aquel justo momento, cuando ya las alondras trinaban por docenas, sus caminos se bifurcaban definitivamente.

Por ello, lo único que el decidido muchacho podía hacer era transmitirle a través de aquel beso la inmensidad de su afecto y su agradecimiento.

Todo lo demás sobraba.

Aún muy lejos de allí, el sol surgió del mar y lanzó una primera ojeada sobre el continente que más amaba, y que por ello mismo con más violencia castigaba.

Uno de sus rayos se deslizó sobre la costa, las montañas, los lagos y las selvas, para anunciar a las resecas estepas y los calcinados desiertos que muy pronto su calor abrasaría.

Las primeras aves alzaron el vuelo.

Los primeros peces chapotearon en el agua. Amanecía.

¡Dios Santo!

¡Amanecía!

Una sombra alargada avanzaba muy lentamente por la opaca cinta del río que comenzaba a adquirir ya una leve tonalidad metálica.

Llegaba por el que centro del cauce, sin un rumor y sin el menor aviso de su presencia, casi como un fantasma que huyera de la luz que iba naciendo a sus espaldas.

La barca de Caronte hubiera sido sin lugar a dudas más ruidosa.

La mismísima muerte hubiera resultado mucho menos sigilosa.

La luz ganó en intensidad.

El corazón de la mujer que se sentaba en la orilla dio un vuelco.

El corazón del niño que se sentaba en la orilla ascendió hasta su garganta.

La sombra que descendía por el río varió apenas su rumbo, clavó la punta de su embarcación en la arena, y saltó a tierra.

–¡Buenos días!

–¡Buenos días! –replicaron al unísono–. ¿Qué hace usted aquí?

Los amarillos dientes y la reluciente calva brillaron más que nunca.

–Se me ocurrió que alguien tendría que ocuparse de llevar a esos niños a Senegal –fue la simple respuesta.

Lanzarote-Cannes-Madrid,
enero-mayo de 1994

Diseño: Emil Tröger
Foto de sobrecubierta: Fototeca Stone
Foto de solapa: © Nuria Jimeno

Círculo de Lectores, S.A.
Valencia 344, 08009 Barcelona
79590286

Licencia editorial para Círculo de Lectores
por cortesía del autor.
Está prohibida la venta de este libro a personas que no
pertenezcan a Círculo de Lectores.

Depósito legal: B. 512-1995
Fotocomposición: punt groc & associats, s.a., Barcelona
Impresión y encuadernación: Printer industria gráfica, s.a.
N. II, Cuatro caminos s/n, 08620 Sant Vicenç dels Horts
Barcelona, 1995. Printed in Spain
ISBN 84-226-5312-5
N.° 28027